文史哲學集成

劉家駒著

清朝初期的八旗圈地

文史哲出版社印行

清朝初期的八旗圈地 / 劉家駒著. -- 初版. --
臺北市：文史哲，民 98.10 印刷
頁　公分.（文史哲學集成；20）
含參考書目
ISBN 978-957-547-226-3 (平裝)

627

文史哲學集成 20

清朝初期的八旗圈地

著　者：劉　家　駒
出版者：文　史　哲　出　版　社
http://www.lapen.com.tw
e-mail:lapen@ms74.hinet.net
登記證字號：行政院新聞局版臺業字五三三七號
發行人：彭　正　雄
發行所：文　史　哲　出　版　社
印刷者：文　史　哲　出　版　社
臺北市羅斯福路一段七十二巷四號
郵政劃撥帳號：一六一八〇一七五
電話886-2-23511028・傳真886-2-23965656

實價新臺幣三二〇元

中華民國六十七年（1978）八月再版
中華民國九十八年（2009）十月 BOD 再版一刷

ISBN 978-957-547-226-3　00020

清朝初期的八旗圈地　目錄

序言

圈地為清初一大秕政，不僅入關後在近畿一帶有圈地，即入關前在遼東一帶亦有圈佔田土之事。為了便於敍述，作者將入關前在遼東圈佔田土，首先在第一章中敍述，並與第二章入關後的八旗圈地作一比較：入關後的圈地雖承繼太祖下遼東後計口授田的規制而發展，但入關後的圈地卻因時地不同，而另有其特別的軍事與政治意義。另值得一提的，即旗地內的奴隸生產制：由於入關前建州女真的軍事迅速發展，澎脹，與其瘋狂的搶掠人口，奴隸的來源充份，故圈佔田土後即委之於自戰陣中搶掠，俘獲的人耕種，入關後亦循此一規制發展，旗地內的生產者亦是奴隸。本文第三章，即以投充與逃人之普遍，擾民二事，來說明旗地內的奴隸生產制：不止諸王貝勒等的莊園內用奴隸生產，即八旗士兵家亦多蓄奴隸，旗人不事生產之惰性，即由此養成；康熙廿，卅年間，旗人典賣旗地與旗人不事生產頗有關係。本文第四章，卽討論旗人典賣土地，與旗地內的奴隸生產制逐漸變爲租佃關係的過程。又入關後的圈地與我國東北的開發有密切關係，故本文第五章特別提出順、康、乾、嘉年間開發關外的時代背景。在研寫本文過程中，承　玄伯師之推薦，得東亞學術計劃委員會之補助，特此表示衷心的謝意。

第一章　入關前的旗地發展過程

關於清朝入關前的旗地發展過程，作者擬分三個階段：卽太祖未入遼東前的旗地，與領有遼東後的旗地，及世祖入主中原後在近畿一帶圈佔的旗地。入關後八旗圈地的許多特質，在入關前的旗地發展過程中均可窺見，因入關後的八旗圈地有許多是承襲着入關前的旗地發展的。今就現有的史料，略述入關前的旗地發展過程。

（一）「旗地」的意義

所謂「旗地」就是指旗人的土地，卽旗地的存在，和太祖時設立八旗有密切關係。首先要明瞭的，八旗的組織並不完全是軍事的；滿洲人，人人在旗，八旗的勁旅，不過是從滿洲壯丁中抽調出來的(註一)。故入關前的旗地，除八旗士兵的土地外，還包括民地，這與入關後將近畿土地圈給從龍勳戚功臣士兵，完全是酬庸，豢養的性質有所不同。在萬曆廿四年間，太祖建都於二道河子的舊老城，關於舊老城的開發情形，據朝鮮使臣申忠一的報告：「自此以西至奴酋家，所經處，無野不畊，至於山上，亦多開墾」(註二)。其收穫的情形：「田地品膏，則粟一斗落種可獲八、九石，瘠則僅收一石云」(註三)，「秋收後不卽輸入，埋於田頭，至冰凍後，以所乙外輸入云」(註四)。二道河子一帶的開墾，在八旗設立之先，但因後來滿洲人均編入旗籍，故其土地，亦可稱為旗地。萬曆三十一年，太祖遷都赫圖阿拉興京老城，由於滿洲勢力的澎脹，周圍部落的征服，乃於萬曆四十三年以滿洲，蒙古，漢軍之衆合編爲八旗(註五)。是年六月太祖諭各牛彔下出十人，牛四頭於曠野屯田積糧以作攻明的準備(註六)。屯田完全是爲了軍事行動，其後攻下撫順遼東時，計口授田亦是爲了以農養戰的目的。這與入關後的圈地，其性質完全不同。

(註一) 八旗制度考實，孟森。

(註二) 興京，二道河子舊老城，寫定申忠一圖錄本文八十三頁。

(註三) 同上：一〇三頁。

(註四) 同上：一〇三頁。

(註五) 太祖實錄乙卯年十月，四卷廿四頁：「上旣削平諸國，每三百人設牛彔額眞，五牛彔設一甲喇額眞，五甲喇設一固山額眞，每固山額眞左右設兩梅勒額眞，初設四旗，旗以純色爲別，曰黃紅藍白，至是添設四旗，參用其色鑲之，共爲八旗」

皇朝文獻通考一七九卷兵制：「溯國初先編立四旗以統人衆，尋以歸服益廣，乃增建爲八旗，然尤統滿洲，蒙古，漢軍之衆而合於一也……其制以旗統人，卽以旗統兵，蓋凡隸於旗者，皆可以爲兵」。

(註六) 太祖實錄四卷十七頁：「使我今日，仗義伐明，天必祐我，天祐我可以克敵，但我國儲積未充，縱得其人民畜產，何以養之？若養其人畜，恐我國之民，反致損耗，惟及是時，撫輯吾國，固疆圉，修邊備，重農積穀爲先務耳！遂不發兵，諭各牛彔下出十人，牛四頭，於曠土屯田，積貯倉廩，復設官十六員，筆帖式八員，會計出入」。

（二）旗地的發展過程

旗地的發展和擴大，完全是和滿洲的軍事行動相配合的。天命三年陷撫順，除賞給將士爲奴的卅萬俘虜外，還安插降民千戶，並賜田廬，牛馬、衣糧、畜產、農具、令其耕種撫順一帶的田土(註一)。天命四年敗明大軍及朝鮮援軍，屠開原，鐵嶺。在此時歸降的朝鮮人李民寏的建州聞見錄中卽記太祖諸子，及將領等有很多的田莊(註二)。天命六年三月太祖攻陷遼陽，瀋陽二城，於是又領有遼河以東的廣大土地，俘獲衆多的漢人，乃於是年諭計口授田，將遼陽，海州一帶卅萬日的田地，分給駐紮該處的軍士(註八)。遼俗「五畝爲一日」(註三)，黑龍江外記卷四云：「關外土地以晌計，一畝六晌餘，黑龍江亦然，然廣狹長短，大抵約略其數，非如關內以弓步丈量爲準」。盛京通志五卷：「按田皆計畝，奉天記日；故自州縣稽畝徵賦外，他皆以日論，因地宜也。一日可爲五、六畝」。以此計之，則卅萬日之土地相當於一百五十萬畝或一百八十萬畝不等。據嘉慶年間所修的遼東志及全遼志記載遼陽海州的田額爲七四三八四六畝或七三九五四七畝(註四)，此數不及卅萬日之半，故遼東志所記當係指軍屯而言。在熊廷弼的修復屯田疏中可知遼東軍屯的最高收糧額爲七十一萬石，如以每畝征糧一石計之(註五)，則正合此數。是知太祖攻下遼東計口授田後，每年可增加一百多萬石糧食，來支持其攻明的軍事行動。天命七年二月太祖率兵進犯河西，陷廣寧，取義州，據日本學者周藤吉之先生引用滿文老檔的研究，太祖並未於河西屯墾，止是徙河西之漢民於河東(註六)。直至天聰九年二月沈佩瑞才奏議屯田廣寧，河西才漸漸開墾，其屯田的動機，仍是爲了積糧籌餉，作攻取寧錦山海關的準備(註七)。太祖太宗這種循序漸進，以農養戰，以戰擾農的策略，實收到預期的效果。楊明顯的天聰九年十月謹呈四欵奏，實是這種策略的最好說明：「皇上如欲徐圖之，莫若擴地屯田，遣兵於寧錦切近地界處，住扎耕種，時驚之以兵，使彼不得耕種，寧錦多棄而逃矣！寧錦一爲我有，山海更何恃？山海歸我出入自便，在我無踰險涉遠之苦，在彼有唇亡齒寒之慮，此漸次進步之法，我不勞而收萬全者也」(天聰朝臣工奏疏下卷十九頁)

在鴛淵教授的「清初旗地に關する滿文老檔の記事」一文中，曾研究入關前八旗土地的分佈情形：可知旗地的分佈以遼陽海州爲中心，二地的旗地也最多。這和滿洲入關後，禁旅八旗在京畿附近有巨額的旗地，各地駐防八旗的土地則較少，有點相似。

㈠正黃旗：Fe-ala（興京的正面），尙間崖、Boo-wape、札克丹、Hongko、撫順、章嘉、德立右、奉集堡等九城。

㈡鑲黃旗：柴河，撫安、花豹沖、三岔兒堡、鐵嶺、宋家堡、丁字泊、Bigen、恰庫站等十一城。

㈢正紅旗：溫德亨山、札克穆、清河、一堵墻、鹻場、孤山、山羊峪、威寧營、東州、馬哈丹等十城。

㊃鑲紅旗：瀋陽、蒲河、平虜堡、十方寺、上榆林、靖遠堡、望海渦、紅嘴等八城。

㊄讓藍旗：旅順口、木城驛、金州、石河驛、黃骨島、曰服堡、望海堝、紅嘴等八城。

㊅正藍旗：岫巖、青台峪、Makuwal-sai, Sui-sangion、伊蘭博里庫、鎮東、鎮夷、鳳凰城、湯站、險山、甜水站等十一城。

㊆正白旗：復州、欒固堡、羊官堡、永寧監、五十寨、蓋州、鹽場堡、天城堡、慶雲堡等九城。

㊇讓白旗：海州、東京堡、耀州、穆家堡、析木城、古城堡、長安堡、Cing-Leng-Pu 鞍山等九城。

鴛淵教授的研究爲太祖時八旗土地分佈的重要資料，惜作者未能見到原文，上文乃周藤吉之先生在其「清朝の入關前に於ける旗地の發展過程」一文中所引用的。太祖實錄七卷六月乙卯記阿敏棄永平灤州、遷安、遵化等四城獲罪之事，曾記旗地因地瘠不堪耕種遷移的情形：

「太祖時，守邊駐防，原有定界，後因邊內地瘠，糧不足用，遂展邊開墾，移黃旗於鐵嶺，兩白旗於安平、兩紅旗於石城。其阿敏所管兩藍旗，分住張義站，靖遠堡，因土地瘠薄，與以大城之地；彼越所分地界，擅過黑扯木地開墾，彼時曾定阿敏一旗罪，將所獲之糧入官。

後又棄靖遠堡，移住黑扯木地，上見其所棄皆膏腴良田，諭阿敏曰：防敵汛地，不可輕棄，靖遠堡地，若不堪耕種，移於黑扯木地猶可，今皆附近良田，何故棄之」。

據周藤吉之先生引用滿文老檔的研究，太祖天命十年由遼陽遷都瀋陽（盛京），於是旗地向北方發展，擴大；兩黃旗及兩藍旗向鐵嶺及其東南一帶移；兩白旗兩紅旗則向遼陽東方及東南擴大發展，據康熙廿三年所修的盛京通志卷五田賦志，可知遼陽的旗地總共三三〇一七三日。

興京旗地：二四四一日
奉天附近旗地：二五八九三七日
開原旗地：二六六七日
鳳凰城旗地：七五九〇日
南京州旗地：五一五〇日
牛莊旗地：二八一一四日

（註一）太祖實錄五卷十六頁：「乙巳，留兵四千，毀撫順城。上率大軍還……至甲版駐營，論將士功行賞，以俘獲人口卅萬給之。其歸降人民，編爲一千戶。」：太祖實錄五卷十八頁：「上還都城，命安插撫順所降民千戶，父子兄弟夫婦，毋令失所，其親戚奴僕，自陣中失散者盡察給之，並全給以田廬、牛馬、衣糧、畜產、器具，仍依明制，設大小官屬，令李永芳統轄」。

（註二）東方學報東京第十二册之二：淸朝の入關前に於ける旗地展の發過程引建州聞見錄：「自奴猶及諸子，下至胡卒，

皆有奴婢（互相賣買），農莊（胡將多至五十餘所），奴婢耕作，以輸其主」。

（註三）籌遼碩劃（一卷卅九頁）：熊廷弼修復屯田疏：「每問居民皆云，此地種一日可收子粒八、九石，遼俗五畝爲一日」。

（註四）

	全遼志	遼東志
定遼五衞：	五〇〇八三畝。	五〇〇八六三畝。
海州衞：	二四二八三畝。	二三八一八四畝。

（註五）籌遼碩劃一卷卅七頁：「熊廷弼修復屯田疏：嘗考實錄，高皇帝以遼左之地，在元爲富庶，列衞置戍，遂因海上運餽不便，令羣臣議屯田之法，以圖長久之利，洪武廿四年收糧五三萬石，永樂十年收糧七一萬石，其後災沴頻仍，數目虧減，今雖正數三二萬石有奇，而以粗折細，却止二一萬石」並參註三。

（註六）東方學報東京第十二册之二：「清朝入關前に於ける旗地の發展過程」。

（註七）天聰朝臣工奏疏下卷十六頁：「沈佩瑞屯田造船奏：爲條陳屯田廣寧一舉兩便，足餉屯兵，大張聲勢，便於攻取寧錦山海以圖大勝事……我國兵馬威武奮揚，別無可慮，軍餉或不敷耳……近思得屯田一策……我國兵馬不必窮兵於遠，徒勞無益，不如卽在廣寧東西閭陽驛一帶，令新編馬步兵丁五、六萬，餘皆各屯田選精壯農民，俱曉力耕者，趁此春時，酌議屯田之法，分撥八固山各牛彔，或上中下戶三等，查得上戶有力者，出牛具若干？中戶出牛具若干？下戶出牛具若干？先後分派停妥，卽各備犂鋤器具，再挑選有智謀才能勤謹肯辦事者，隨帶炒米乾糧，率領兵丁牛俱黍豆種子前往監督屯田，任力耕種，以閭陽驛爲駐札之所……只以半年之辛苦耕種出來，秋成有望，糧草裕如，兵馬往前或圍困，或戰攻，自有坐糧，恃以無恐，聲勢赫然，縱彼有兵馬，盡烏合之衆，難以與敵」。

（註八）滿文老檔秘錄上卷廿二、廿三頁：天命六年七月：太祖諭計口授田：海州一帶有田十萬日，遼陽一帶有田廿萬日，共卅萬日，宜分給駐紮該處之軍士，以免閒廢，其該處人民之田仍令就地耕種。遼陽諸貝勒大臣及素封之家，荒棄田畝甚多，亦宜歸入卅萬日內，二處之田如不敷分派，可以自松山堡及鐵嶺、懿路、蒲河、范河、觀托霍、瀋陽、撫順、東州、馬根州、清河，孤山等處之田補之，若仍不敷，可令至邊外開墾。

（三）　計口授田與莊屯

太祖自得勢後，在萬曆二四年至舊老城訪問的申忠一所著「圖錄本文中」，知努爾哈齊，舒爾哈齊兄弟及童流水，童時羅波，童阿斗等有力的酋長均有莊田，甚至對田莊的位置亦有記載：「努爾哈齊的農莊，在蘇子河上流的旺清邊門外，王致筱理。舒爾哈齊的農莊在波猪江（佟家江）及蘇子河上流的沙向乃，波猪河的農莊，雙古管理。童流水，童時波羅的農莊在蔓遮川（佟家江的支流新開河）流域。童阿斗的莊田位于諸川流域（佟家江的支流富爾江）」。農莊的位置多在舊老城附近沿河流一帶地方，「逐水而居，胡家多於川邊，少於山谷」（註一）。這些莊田多係私人的產業，其後諸王，貝勒，公主之家亦有私人的莊田（註二）。莊田的發展和擴大，當然和建州的軍事行動有密切的關係，莊田的來源多由賞賜或佔取，莊田的耕作則委之自戰爭中俘獲的奴隸。另外則有所謂一種屯莊，似爲各牛彔的公有財產：「奴酋等各處，倒置屯田，使其部酋長掌治畊獲，因置其部，而臨時取用，不於城中積置云」（註三）。其屯莊的位置多在邊境附近（註四），當然這只是一種粗疏的分法，其後隨着建州女眞的澎脹，俘獲日衆，私人也有屯莊；不過在萬曆四十一年以前，這種屯莊似屬公家的居多。待世祖入主中原後，將近畿一帶明朝勳戚功臣太監的皇莊圈給八旗宗室王公，亦係承襲此一制度發展的。

萬曆四十一年太祖命各牛彔出壯丁十人，牛四頭於曠土屯田，並設官十六員，筆帖式八員，會計出入。天命三年太祖下撫順、東州、馬根丹、撫安堡、花豹衝、三岔兒堡、清河、二堵牆、鹻場等處。天命四年敗明軍及朝鮮援軍，下開原鐵嶺，於是滿洲八旗佔了廣大的土地，自戰爭中俘獲了衆多的人口，奴隸。在天命四年朝鮮降將李民寏所著的建州聞見錄中曾言「自奴酋及諸子，下至胡卒，皆有奴婢（互相賣買），農莊（胡將則多至50餘所），奴婢耕作，以輸其主，軍卒則礪刀劍，無事於農畝者，無結卜之役，租稅之收」（註五）。諸胡將多至莊田五十餘所，可知天命四年後莊園制度的擴大和建州女眞的軍事發展，八旗將士占取田土，俘獲奴隸，搶掠人口，有密切關係。亦卽將自戰陣中俘獲來的人口，掠取的土地賞給有功的將士，甚至來歸的蒙古漢軍亦賞給莊田，奴僕。今自實錄抄出若干條，以明太祖，太宗賞給降人莊田，奴僕的一般情形。

太祖實錄五卷九頁，天命二年正月：「上聞已附之使犬路，諾洛路，右拉忻路路長四十人，率其妻子，並部衆百餘人來歸。上命以馬百四及廩餼諸物迎之，是日始至，路長各授官有差，其衆俱給奴僕牛馬、田廬、衣服、器具、無室者並給以妻」。

太祖實錄五卷廿八頁，天命三年：「東海虎爾哈部長納喀答，率民百戶來歸……上御殿，虎爾哈部衆朝見，賜晏，諭携家口，願留我國者爲一行，未携家口願歸者爲一行，分別聚立，賜願留者爲首八人，各男婦廿口，馬十四，牛十頭，錦衣蟒服，竝四十之衆，田廬，器用諸物畢具，部衆大悅」。

太祖實錄六卷十八頁，天命四年：「上命大臣穆哈連，率兵至東海虎爾哈部，收所遺居民千戶，丁壯二千以還。上出城撫之，椎牛列筵二百，宴勞之。其率領來附之人，上等賜男婦十，馬牛各十，衣五襲，次等給男婦五，馬牛各五，衣三襲，其田廬器物具備焉」。

太祖實錄八卷：「北蒙古五部落喀爾喀台吉爾布什，齊果爾，率民六百戶，並驅畜產來歸，上賜貂裘二……僮僕、牛馬、居舍、田畝及具器等物畢備」。

太祖實錄八卷十五頁，天命七年二月：「蒙古古兀魯特部落明安……等凡十七貝勒及喀爾喀各部落台吉各率所屬軍民，三千餘戶，並驅畜產歸附，上御殿晏勞之……並厚賜諸貝勒等……田廬、童僕、牛馬、糗糧、器具等物，各授職有差」。

太宗實錄十六卷十九頁，天聰七年十月：「明千總朱得明，携五人自皮島來歸，賜以妻室、僕人、馬牛驢、衣服、房屋、其五人亦各給妻室、奴僕、衣服」。

太宗實錄廿二卷四頁，天聰九年正月：「賜察哈爾來歸之格龍阿牙克喀塔喜木黑克喇嘛寨桑，德參濟王……溫多額爾德等民寨桑等百廿七人貂皮、朝衣、銀器、甲冑、牛羊、馬匹、奴僕、屯莊。其所屬搭哈爾噶爾馬等百九十一人，各賜馬匹，朝衣等物有差，又賜初他特臺吉　屯田所，每所人十名牛六頭」。

太宗實錄卅一卷十三頁，崇德元年九月：「賜陣獲總兵巢丕昌奴僕卅戶，馬十五，騾驢各五，牛十五」。

這些「莊」「屯」的發展和擴大與太祖的計口授田，也有密切的關係。來歸的降人，陣獲的奴隸均計口授田，令其耕種，國家從中抽稅。每丁授田六日，五日種糧，一日種棉。至納稅之法，太祖定制，每三丁合耕官田一日，又每男丁廿人，以一人充兵，一人應役（註六）。這種計口授田的政策，使擁有奴僕多的人，獲得更多的土地，肥沃良田又被一部份有勢力的佔種，窮民所得俱係「窵遠荒田」，且不及五日之數（註七）。如是形成富者愈富，窮者愈窮的尖銳對比。一部份人「田連阡陌」，擁有許多「莊屯」，奴隸，畜產；一部份人則一貧如洗，甚至連出征掠奪，裝備自己的資本都沒有。「這番用兵，有賣牛典衣，買馬製裝，家私蕩然者，今若窮追於二千之外，富人有馬者能前，貧人馬疲者落後」（註八）。分得的田土，有的亦無力耕種，「如貧民無牛者，付有力之家代種」，「其貧人田土，無力耕種者，宜令有力者助之」（註九）。

至莊屯的組織，周藤吉之先生在其「清朝入關前に於ける旗地發展の過程」一文中，曾作詳細的討論：有的「莊屯壯丁十人牛四頭」，「有的壯丁十人牛六頭」，有的莊屯廿丁，十三丁，十丁，七丁，三丁的，作者認為莊屯的大小和地理環境有關，並不是硬性規定的。至康熙八年三月始奏准將莊編為頭等，二等，三等，四等（註一〇），瀋館錄卷三：「瀋陽乃是大野，西北行廿里則有山……所經之處，人民絕稀，間有諸王設莊，相距十里或廿里。莊有大小，大不過數十家，小不滿八九家，而是漢人及吾東被虜者，大半荒野，關土不多，至於十六日，十七日所經之處，則土地多闢，莊居頗多，而皆漢人，東人或蒙種耳」。各屯設有管理員一人（莊頭），督促壯丁耕作，或從事其他的勞役。上諭曰：「土築之興，有妨農務，從前因城郭邊墻，事關守備，故勞民力役，事非得已……其貝勒大臣，並在外駐防之人，及諸貝勒下牧馬管屯人等，有事往屯，各宜自備行糧，有擅取莊民牛羊鷄豚者罪之，私與者，章京，屯撥什庫，亦坐罪」(註一一)。在天聰朝臣功奏疏下卷六頁徐明達謹呈二事疏中，可知「莊」「屯」均有專人管理。

「宜委用閑官以杜冒濫，如今之管屯，管堡俱仍委用無職之人，何如將免差指揮等官責其經理乃職，抽取今之見任披甲，一可憚莊民心，二可以堵塞冒濫，三可以充實行伍，豈不愈于委用白丁，而公私兩得其便乎」？

屯的位置多在邊遠地區，因屯係各旗，各牛彔的公有財產，故委任閑官來管理，其後滿洲的勢力膨脹發展，諸王貝勒私自占有土地，奴隸的人數也隨着「搶掠」「賞賜」而日漸增加，乃開墾邊遠荒地，擁有「屯」「莊」，其屯莊的管理則委之於家奴。所謂莊頭其本身就是自奴隸中挑選出來的；由於長時間的效力與忠誠，得主人的信任與施惠，故也准許他們有自己的家庭，財產，有的且甚爲殷室」(註一二)。入關後這些「奴隸」「狐假虎威」飛揚拔扈，無惡不作，更甚於滿洲旗人。太祖太宗這種以漢人統治漢人，以奴隸管理奴隸的政策，實滿洲勢力之迅速發展擴大的重要因素（見拙作清初漢軍八旗的肇建）。

各牛彔的田莊，是牛彔的公有財產(註一三)，這裏值得注意的是牛彔額眞的職掌。牛彔原為構成滿洲八旗最小的軍事基本單位，但也是生產的單位。每一牛彔的耕地，大都在其堡塞的附近，如田土貧瘠，必須易地以耕，整個牛彔的居處亦須隨之遷徙。太宗實錄卷一天命十一年九月丙子的上諭。

「各牛彔所居有窪下不堪耕種，願遷徙者聽之」。

牛彔額眞的職責之一就是釐治土田，平常負有督導農務的責任，如耕種失時，荒廢田業，濫役民夫，致妨農務，他就要受到懲罰，甚至革職(註一四)。天聰七年正月庚子上諭各牛彔額眞：「田疇廬舍，民生依賴，勸農講武，國之大經，爾等各往該管屯地，詳加體察，不可以部務推諉」。牛彔額眞戰時率領本牛彔的士兵作戰，有最高的指揮權，平時則督促本牛彔的壯丁從事生產；在各牛彔來講他彷彿又是這一牛彔的農政主管，舉凡與農務有關的事，他都要管。今抄錄若干條，以明牛彔額眞的職掌。

太宗實錄天聰五年癸巳：「各牛彔額眞所屬，凡以糧食貸人者，止許取利一年，雖年久也不得利上加利……如豕入人田者，令送還本主，每次計豕罰銀五兩，過三次許赴告牛彔額眞，即以豕給之。如羊入人田者，計每隻罰銀二錢，駱駝、牛馬、驢騾入人田者，計每頭罰銀一兩，仍償其禾……以上諸項，令各該牛彔額眞卽行審結」。

東華錄天聰八卷一頁，天聰七年正月：「諭各牛彔額眞曰：爾等宜各往該管屯詳察，不可以部務推諉，若有二、三牛彔同居一堡者，著在各該田地附近之處，大築牆垣，散建房屋以居之，遷移之時宜聽其便；窪地宜種粱稗，高地隨地宜種之，地瘠須糞力，耕食須善餧養，爾等俱一一嚴飭；如孤貧無牛者，付有力之家代種，一切差徭宜派有力者，勿得累及貧人，如此方稱牛彔額眞之職；至有所居卑濕，宜令遷移，若憚於遷移以致傷稼害畜，俱爾等牛彔額眞之過。目今地土開擴有不堪耕種者，許訴部臣更換，如分地之時，爾牛彔額眞章京謀占近便沃壤，將瘠薄遠地，分給貧民，許貧民自訴。爾等來此前去之便，各宜督率所屬長幼，於春夏秋三季，時時習射，仍遣部臣往察，如有不能射者，必治牛彔額之罪，此係我國長技，何不努力學習耶」！

太宗實錄卷卅四，崇德二年四月上諭：「今歲偶值年饑，凡積谷之家，宜存任恤之心，遇本牛彔內有困乏者，將穀糶賣，可以取值，聽人借貸，可以取息，若不賣不借，埋至地中，以致朽爛，暴殄天物，莫視民生，豈可容於我國乎？此等情事，該管牛彔章京宜加稽查，其貧人田地無力耕種者，宜令有力者助之」。

這種以牛彔爲基本單位的農業生產，不是一切歸公的集體農場，因滿洲人一向准許私有財產存在的，甚至奴隸也准許有私人財產。

(註一) 興京，二道子河舊老城，寫定甲忠一圖錄本文一〇三頁。

(註二) 同右：一〇二頁「糧餉：奴酋等各處部落，倒置屯田，使其部酋長，長治耕獲，因置其部，而臨時取用，不於城中積置云」。

(註三) 同右：

(註四) 同右一〇二頁：「奴酋於大吉號里越邊朴達古介北邊，自今年欲置屯田云」。

(註五) 參上節註二。

(註六) 滿文老檔秘錄上卷廿三頁，天命六年七月，太祖諭計口授田：「自諭之後，本年所種之糧，准其各自收獲，嗣後每一男丁，給地六晌，以五日種糧，一日種棉，按口均分，不得隱匿不報，致抱向隅之恨。乞丐僧人皆給以田，各使盡力耕作，勿自暴棄。其納賦之法，用古人徹井遺制，每男丁三人，合耕官田一日，又每男丁廿人，以一人充兵，一人應役……(如明之虐政，貪污)概行禁止……所有官員皆由朕給以銀米，不准向民間勒索，免蹈明覆轍」。

(註七) 天聰朝臣工奏疏上卷七頁，高士俊謹陳末議奏：「曰恤窮民，夫民以衣食爲生，衣食自田土而出，我皇上立法，每丁給田五日，一家衣食，凡百差徭皆從此出，民間已苦不足，況綳扯分田名雖五日，實在二、三日其該管將官千總又將近堡肥田占種，窮民分得俱係窵遠荒田。臣思將官既有應得田園，即不許在本堡中占種田園，且用民力，民牛耕耘，收穫甚爲不便」。

(同上) 上卷四十五頁：「楊方興條陳時政奏：清查田地，糧不足用，皆因分田之不均也。上等肥饒之地，或被本管官占種，或被富豪家占種，餘剩薄地分與貧民，名爲五日，實不過二、三日，又兼連年災荒，緣地薄民疲，糧從何來？前年新添壯丁，一隴未得，令隨衆應差，此窮者益窮，富者亦富，乞皇上親諭戶部，來歲分田，務要足五日之數，不論地厚薄，各要貧富均分，不許管屯官屯官與屯民一處分地，所以防侵占也。官與官在一處則勢力相敵，民與民在一起，則彼此無懼，若官民同種一處，猶如羊虎也」。

(註八)　天聰朝臣工奏議上卷，寧完我謹陳兵機奏。
(註九)　東華錄天聰八卷一頁，天聰七年四月諭及太宗實錄卷卅四，崇德二年上諭。
(註一〇)　欽定內務府現行則例會計司卷一。
(註一一)　太宗實錄一卷九頁。
(註一二)　太宗實錄十一卷，天聰六年正月乙巳。
(註一三)　太宗聖訓四卷十頁崇德七年六月：上召大學士范文程曰：……「太祖時，凡引兵巡幸，軍士有踐踏田禾者，重則射之，輕則鞭之，處分嚴明，所以重農事也……即當令其各往本牛彔莊查勘田土鋤墾與否……」牛彔為一生產單位，有屬於公家的莊屯，亦有屬於私人的莊屯。
(註一四)　太宗實錄廿三卷六頁，「以嚴代，分撥本旗土顏圖牛彔下田地失時，為土顏圖所訟，革嚴代牛彔章京職，並罷其管牛彔事，仍解部任」。太宗聖訓四卷九頁，天聰九年三月，上集諸臣於朝，諭之曰：朕昨出見民間耕種衍期，蓋因牛彔章京有事城工，欲克時告竣，故額外派夫，致誤耕作；築城固為正務，然田地荒蕪，民食何賴？嗣後有濫役民夫，致妨農務者，該管牛彔章京等俱治罪」。

(四)　莊屯內的奴隸生產制

在入關前八旗士兵並無糧餉，甚至買馬制裝都要靠自己來籌備(註一)，在申忠一的「圖錄本文」一〇二頁也曾說：「奴酋除遼東地方近處，其餘北東南三、四日程內，各部落酋長，聚居於城中，動兵時，則傳劍於諸酋，各領其兵，軍器，軍糧，使之自備，兵之多寡，則奴酋定數云」。其經濟基礎建立在搶掠的戰爭上，在胡貢明陳言圖報事疏中：「我國地窄人稀，貢賦極少，全賴兵馬出去搶些財物」。正如李明寏在建州聞見錄所記：「出兵時無不歡樂，其妻亦喜躍，爲以多得財物爲願，如軍卒家有奴四、五人，皆爭偕赴，專爲搶掠財富故也」。搶掠可說是建州女眞在軍事發展過程中賴以維生的經濟基礎，也是八旗「賈勇爭克」「殊不畏死」的原動力。值得注意的，滿洲士兵不止出征搶掠財物，並搶掠人口。在一個農業生產落後，荒地待墾的地區，人口的增加，就等於財富的增加，亦卽滿洲人把搶掠來的人口，用之於生產再生產的工作，故搶掠人口和建洲女眞的壯大，擴張有密切的關係（見拙作清初漢軍八旗的肇建）。熊廷弼在其懲前規後修舉本務疏中曾痛陳遼東被掠奪的情形。籌遼碩劃一卷五十二頁：「臣惟遼左今日之患，莫大於無人；夫邊非無人也，土沃而民聚，向嘗稱庶矣。自萬曆四年，八年，九年，十一年，十四年，十五年，廿二，廿五，廿七年受虜，開鐵汎懿之人盡。自萬曆二年，三年，十，十一，十三，十七，十八，廿五年受虜，而遼瀋邊北之人盡。自萬曆五年，六年，十八，十九，廿一年受虜，而遼海迤西南之人盡。間有存什伯於於千萬者，邊吏又不爲之保護，聽虜節年檢拾無遺，雖使造物能生人，遼人善育人，而歲計所產不抵所掠，遼於是乎無人矣！自遼之無人也，舉族被虜，而補軍不得；田土抛荒而徵糧不得，補軍不得則墩軍盡，不得貼以保軍，堡軍盡不得不貼以營軍，而營軍又漸盡矣。徵糧不得，則額糧虧，軍食自不得不乏；軍食乏，京運自不得不多，而京運且不至矣！始不得不議增軍以通勾軍之窮；而及其增也，又苦無人以應募，始不得不議增餉，以通餉額之窮；而及其增也，又苦後來之難繼。說者但謂軍不必增，一清軍而軍足，不知遼之無人可勾也。說者但謂餉不必增，一清餉而餉足，不知遼之無人辦餉也，遼如是乎益不可爲矣！此臣所謂今日之患，莫大乎無人也」。凌純聲先生在其所著松花江下游的赫哲族一書中，曾搜集了關于赫哲民族的廿五首情歌和十九個故事，在十九個故事中，有十二個故事談到俘虜人口的事，甚至把一屯，一城的人口，運到征服者的地方去。在讚美蘇完尼別汗的情歌中：「人民相信你厲害，把各屯都運回來」(註二)，故知搶掠人口，爲塞外女眞一向的傳統。俘虜來的人口，伶俐的用來家庭役使，强壯的用來當兵，老弱則投之於農業生產，屯田積糧支持戰爭，一般情形大概如此。

陣獲的明朝軍民均係滿洲人「血戰所獲得的財產」，盡數賞給出征有功將士，間或有私自占取人口爲奴者，爲數並不多，故清初奴隸主要來源靠搶掠(註三)。奴隸原爲家庭役使，甚少從事農業生產，但隨着滿洲勢力的膨脹，擴大，俘獲日衆，奴隸數目日增，家庭役使之餘，乃投之生產事業。「卽一家之中，爲主者宜恤其僕，爲僕者宜敬其主，如僕以力耕所獲，供其主而不敢私，其主積有財物，亦贍其僕而無所吝，如此上下相感，天心悅，人情和，無往不喜矣！」(註四)

太祖，太宗朝莊屯的迅速發展擴大，和奴隸的增加有密切關係，當時從事農耕的奴隸以漢人及朝鮮人居多。太祖初年，滿洲人擁有奴僕並不多：「昔太祖時……無論長幼爭相奮勵，皆以行兵出獵爲喜，爾時僕從甚少，人各牧馬披鞍，折薪自爨，如此艱辛」(註五)。但至太祖天命三年，攻略撫順、東州、馬根丹、撫順堡、花豹衝、三岔兒堡、清河、一堵墻鹻場等地；天命四年大敗明軍，略取開原，鐵嶺以後，俘獲衆多的人口，佔取了廣大的土地。在朝鮮降臣李民寏的建州聞見錄中曾敍及滿洲莊屯內的生產情形：「自奴酋及諸子，下至胡卒，皆有奴僕，農莊，奴隸耕作以輸其主」。這與太祖初起時，滿洲家奴僕甚少，成一顯明的對比，也說明了建州女眞農業經濟發展的趨勢。今自實錄，東華錄，清鑑易知錄中（按年月先後順序），抄錄若干記載滿洲人俘獲人口的事表列於後，雖然這些數字，難免有誇大戰功，甚至虛報的情形，但亦可窺見滿洲勢力發展，膨脹的一個大概。

年月	族類	戰役	歸順	搶掠	人數	備註
乙卯	渥雄部	固納喀庫倫	編降	俘獲	一〇、〇〇〇	編戶五〇〇
天命二年二月	便伏路，諸洛路石拉聰路		來歸		路長四〇人，部衆百餘戶	路長各授官職有差，其衆具給奴僕、牛馬、田廬、衣服、器具。
	漢人	會安堡		俘獲	一、〇〇〇	
三年	漢人	撫順	降服	俘獲	三〇、〇〇〇〇	論將士功分賞俘獲人口，歸降人民編爲一千戶。
	虎爾哈		來歸		百戶	賜奴僕、牛馬、田廬、器具、衣服。
四年	虎爾哈		降服		民一、〇〇〇戶壯丁二、〇〇〇	賜田廬、器具、牛馬。
	漢人	開原		俘獲	不詳	論貝勒大臣及將士等功賞賚有差。

	漢人	鐵嶺			一、〇〇〇	
	蒙古佛圖拉	開原	不見妻子歸服		二〇〇	即以妻子家產給之。
	漢人千總王一屏等	開原	同上		二〇餘	
五年	蒙古五部		來歸		六百戶並畜產	賜貂裘、蟒緞金銀、童僕、牛馬、房舍、田畝、器具。
六年	察哈爾蒙古			俘獲	人畜一〇〇、〇〇〇餘	論功賞將士。
七年	蒙古兀魯特部落		來歸		軍民三、〇〇〇餘戶並畜產	
十一年	征蒙古	拉木倫		俘獲	人畜五六、五〇〇	分賞將士有差。
	卦爾察			俘獲	一〇〇餘人	
	阿刺克綽忒部落		來歸		一〇〇餘人	
天聰元年	察哈爾	敖木倫		俘獲	一一、二〇〇人	蒙古漢人一、四〇〇名編爲民戶，餘俱論將士功賞給爲奴。
	阿刺克綽忒部落		來歸		不詳	携妻子人民。
二年	蒙古			俘獲	人口、駝馬、牛羊、共一〇、〇〇〇計	
	喀刺沁		來歸		五〇〇人	喇嘛四人率領。
五年	瓦爾喀			俘獲	男子一二一九人 婦女一二八四口	幼丁六〇三人。
	毛文龍屬下漢人			俘獲	一四〇人	

	察哈爾		歸降		俘八、八三〇人 降二、〇〇〇戶	賜出征將士有差。
	漢人	大凌河	招降		生員一人，男一二三人，婦女五七〇人	付馬光遠養之。
八年	蒙古人			俘獲	婦女幼子二一七名	賞出征將士。
	蒙古			俘獲	男九〇人，婦女一八人	賞出征將士。
	虎爾哈			俘獲	男五五〇人，婦女幼小一五〇〇人	
	察哈爾	尙方堡	來歸			噶爾馬濟農等率衆 六、〇〇〇併家口來歸。
	虎爾哈			俘獲	男五六六，婦女九二四人	
	察哈爾			俘獲	戶口五五七丁	撥補不足之旗。
九年	察哈爾		來歸		官、壯丁 三、二一八人	均隸各旗。
	察哈爾十二頭目		來歸		率衆一、四〇四人並妻子，牲畜	
	瓦爾喀		收服	俘獲	壯士一、四八三人，人口共七、三〇二人	編爲民戶賜田廬、牛馬、器具、衣服、賞出征將士。
	蒙古		招降		一一六人(俘) 招降七、三〇〇人	俘獲賞出征將士，招降具賜房屋田地、牛馬、器具。
	虎爾哈		招降	俘獲	編戶壯丁六〇〇人 家口共一、三八〇人	
九年	瓦爾哈	收服			壯丁五六〇人 婦女五〇〇人	
	瑣諾木蝦台吉率衆	來歸			男子一、三九五人 家口五、四三八人	

	祁他特等	來歸			男子一、三九五人 家口五、四三〇人	
十年	瓦爾哈		俘獲		壯丁一、一六〇人 婦女一、四〇人	
	瓦爾哈		俘獲		壯丁一五〇人	
	瓦爾哈		俘獲		壯丁二九五人 婦女幼小六九三人	
十一年	瓦爾哈		俘獲		人丁五二五	賞將士有差。
	瓦爾哈		俘獲		人丁一、二〇〇	賞出征將士。
	瓦爾哈		俘獲		一、〇〇〇人	賞賚有差。
崇德元年	漢人	三路征明	俘獲		人畜一五、二三〇人	(未入長城先)
	漢人	直入長城	俘獲		人畜一七、八二〇人	擒總兵巢丕昌等。
	漢人	來歸			沈志祥率將士二、四五四人	
三年	漢人	李雲堡柏士屯		俘獲		
四年	漢人	攻明		俘獲		
	漢人	刼援杏山明軍		俘獲		
	漢人	入關搶掠		搶掠	二五七、〇八〇人	左翼多爾袞疏報。
	漢人	八關搶掠			二四四、四二二人	右翼杜度疏報。

	漢人	略錦洲松山		俘獲	二、三三〇人	
五年	虎爾哈			俘獲	男二、一五四人婦女幼穉四四五人	
五年	索倫			俘獲	男三、一五四人婦女二、七一三人	幼小一、八一九人。
	虎爾哈		歸降	俘獲	俘男三三六人，家屬七九六口降男一四九家屬四口	命仍居彼地，携歸者一二七口。
	漢人		招降	俘獲	四三七四人	
八年	虎爾哈		招降	俘獲	男婦幼小二、七〇三人	攻克三屯招降七屯。
	漢人	援松山杏山明軍		俘獲	二、〇〇〇餘人	
	漢人			俘獲	四、〇〇〇餘人	
	漢人	松山錦洲		俘獲	人民三六九、〇〇〇	
附註	(一)本表自太祖建元天命開始，天命前滿洲諸部之平定與歸附均未列入；天命後許多征服，來歸的部落，其人數不詳者，亦未列入。本表只在說明未入關前的滿洲人，除搶掠財貨外，還搶掠人口；俘獲的人口賞給出征將士爲奴隸，歸順降服者則編爲民戶，賜以田廬、農具、牛馬、種子、口糧、擇地屯墾。(二)本表所列歸降，俘獲的人口，據粗略的估計，爲一百卅餘萬人。					

太祖三年取撫順，俘獲卅餘萬，六年下遼瀋，領有遼東的廣大土地和人民，此後旗人多擁有奴隸，至太宗時征服朝鮮，察哈爾蒙古，並遣兵入明內地，搶掠財貨人口，奴僕之數則更多。天聰六年，征察哈爾蒙古，得人畜十餘萬，崇德元年，侵入明內地，俘獲人口十七萬九千餘，崇德

四年，俘入關內俘獲人口四十六萬，崇德八年松山錦洲之戰，俘獲卅六萬九千餘人。自天命元年起至崇德八年止，在短短廿幾年間，歸降，俘獲的人口就有一百卅餘萬，其中漢人佔一百餘萬（參上表附註）。由此可見滿洲勢力發展之迅速，而滿洲家家蓄奴之事，也決非偶然！證之熊廷弼所奏，則「遼之無人可勾」，「無人辦餉」，更非虛言。這些歸降，俘獲的人，不但在滿洲農業經濟的發展上佔着重要地位，且和滿洲之興起有密切關係。天聰年間蒙古八旗，漢軍八旗的設立，卽係皇太極有入主中原野心具體而微的說明（參拙著清初漢軍八旗的肇建）。但滿洲奴隸的生活，並不如我們想像中的惡劣，觀太祖天命六年閏二月廿六日的上諭。

「主人愛其奴僕，奴僕耕作穀物與主人同食，主人出征得來的財物與奴隸共用，狩獵所得與奴隸共食，申年（天命五年），努力織布給奴隸穿，如不善養奴隸，使彼等穿着破爛，則奪其奴隸給善養奴隸的人」（註六）。

由此可知滿洲奴隸在經濟上似相當自主，主奴關係也不似希臘羅馬惡劣。這裏牽涉到整個文化問題，作者僅提出一點，卽國史上所謂的奴隸與西方人所謂的奴隸在名詞上雖然相同，而內涵則不盡相同。

奴隸的人數多了，奴隸之買賣遂盛行，甚至有買賣的市場。奴隸當然大部份是用來生產的，當時農奴的價格，據瀋陽狀啓辛巳（崇德六年）十二月廿三日三百九十頁：「漢人能耕作，以此處開城廉價計給，則一人之價，不過十餘兩銀云，開城城外市肆也」。今自瀋陽狀啓中抄錄有關奴隸價格若干條，以見奴隸之買賣情形：

壬午（崇德七年）正月廿八日四〇二頁：「農節已迫，農軍買銀尚不來，衙門日日促買，館中無路得銀，不得已，姑貸宴需銀，九王馬價銀，朴吉男贖價等各樣銀子，僅買男丁廿三名，女人十名，而價本則或給卌兩，或給廿五兩爲白有在果。當初鄭譯以衙門之意言，農軍之價，不過十餘兩或十五六兩是如爲白如乎。今將爲得，則將又重其價，或卌兩，或四十兩爲言爲白去乙。

壬午（崇德七年二月廿二日）四〇九頁：「農軍先爲買得者已爲馳啓爲白有在果追乎。男十一名，女一名買得，而其價則亦貸各樣銀，或給卌兩，或給廿五兩，爲白有齊。壬午三月初二日四一五頁：「其後又買男丁四十六名，女人廿四名，而價本則依前，或給廿五、六兩，或給卌餘兩，爲白有稱。農牛十六隻，亦爲買得，而價則或十五、六兩或十七、八兩爲白有去乎（以上所引諸文中旁有直線者爲韓文譯音）。

可知奴隸的價格，自「十餘兩或十五、六兩」「廿五、六兩或卌餘兩」「卌兩或四十兩」不等。奴隸既爲財物可以買賣，則其價格的漲跌，亦受供給與需求的影響；亦卽奴隸少而需要大時，則奴隸一人可抵二四牛的價格；奴隸多供過於求時，則奴隸一人剛好和一四牛價「十五、六兩或十七、八兩」相等；奴隸價和牛價相等，這實在是一件很有趣的事。

太祖天命六年下遼瀋，領有遼河以東的土地，如是以遼河，海洲卅萬日的田土，分給將士。天命七年陷廣寧，取義洲，領有河西，但太祖並未屯田河西，這一方面固由河西人民頑强抵抗，且距前線太近；另一方面則因歷年戰禍，人口遷徙，田土荒廢(註七)，河東的荒土仍能容納河西遷徙去的人民。至天聰七年，丁文盛才奏「用旗招撫聚民屯墾河西」(註八)，天聰九年，沈佩瑞再議，請屯田廣寧(註九)，楊明顯亦於是時上言「漸次圖明」招民屯田寧錦附近地方的奏議(註一〇)。其屯田動機，仍是為了以戰擾農，以農養戰的軍事目的。但河西遂漸開墾是崇德年間的事，這當然和太宗屢次孤軍深入關內搶掠人口有關；亦卽太宗以關內搶掠來的人口，用來屯種河西的荒地。戰爭中的俘獲，在廣義上講都是奴隸，歸順的則編為民戶，賜以田廬、牛馬、農具、口糧令其生產(註一一)。無論俘獲的也好，歸順的也好，都令「屯田積糧」，以作攻明的準備。

這種奴隸的生產制，每年要交納額糧給主人，瀋陽狀啓崇德六年十二月廿三日三九三頁：「鄭譯以為此事已定，今難違拒，初定之時，必須多受多取，並作亦甚好矣。一日耕並作，例取唐斗一石，百日耕，當用十二三人耕作云」

又據瀋陽狀啓崇德八年十二月十四日六三〇頁

柳千戶屯所，田二百一日半耕

落種四十八石九斗四升
所出各穀一四〇五石二斗五升
鐵嶺屯所，田一九四日耕
落種四七石一四斗八升
所出各穀九四〇石十三斗二升
木花六二〇斤
士乙吉古屯所，代木並田一三四日半耕
落種三三石八斗九升
所出各穀八一五石六斗二升
王富材屯所，田一四九日耕
落種三八石七斗八升
所出各穀六三五石一四斗
老家寨屯所，田一三六日半耕
落種三四石十二斗五升
所出各穀六二五石六斗

沙河堡屯所，田一二四日耕

　落種二九石十斗九升

　所出各穀六〇一石六斗

都以上，田九三九日半耕

　落種二三三石四斗七升

　所出各穀五〇二四石二斗九升

　木棉六二〇斤

由以上的記載，可知一日，需種子三斗六升及三斗九升不等，其收穫的情形，柳千戶屯所六石一四斗，沙河堡四石一三斗，老家堡四石九斗，王富材四石四斗，士乙古六石九斗。落種一石，柳千戶屯所收二九石弱，沙河堡廿石强，老家塞十八石弱，王富村十七石弱，士乙古廿四石强。唐斗一石合朝鮮兩石，(註一二)則知沙河堡一日耕當收獲唐斗二石六斗强，老家堡二石四斗强，王富村二石二斗。如以一日耕作向主繳納額糧唐斗一石，則知這種奴隸生產制，奴隸要將總收穫的一半繳納給主人，下剩的則留作食用；諸如添置農具、牛馬、衣服、種子等費用，均從此出，其生活的清苦可以想見。「百結單衣，不可忍見」「遼左早寒，呼寒凍傷」(註一三)，故奴隸逃亡之事，屢見不鮮。太宗實錄卷廿八，天聰十年四月庚辰：

「駐守海洲河口伊勒愼，莽柰，丹達禮等獲逃人一九二名，船卅隻。駐守攬監喀爾喀瑪、靑善、寧古塔、薩哈廉等，獲逃人一六八名，船四隻。駐守蓋州雅什塔，札弩……等獲逃人二六〇名，以三城守臣稱職，各賞馬一匹。駐守鹻場張習巳，獲逃人一三二名。駐守岫巖賈木蘇，獲逃人百名，船三隻。駐守海州傳代，獲逃人一四八名，船八集。駐守牛莊哈爾薩，獲逃人三九名，船三隻。駐守東京哈囊阿，吳爾葛拉，獲逃人二九〇名，以五城守臣，循分供職，故無賞罰」。

今自明淸史料中抄錄具體的一條，以明奴隸逃亡的情形：「陳大稱年廿九歲，係金州小河山人，原於遼陽失陷之時，被虜去，在四王子帳下發作農莊，今年奴將屯種糧米，盡行變賣買馬，因無食用，又年年苦累不堪，是以自遼陽沿邊，要逃奔南朝，卽死亦甘心」(註一四)。

至降民所編的莊屯（民戶），計口授田，每丁五餉，身份上雖不是奴隸，但要向政府繳納官糧（每丁徵收官糧多少雖無明文記載），且要當差。扈應元天聰七年十二月廿二日條陳七事奏中曾痛陳差徭之繁重，「但衆大人，不問老者力衰頭白，亦不問老者生子多少？一槪混編，至於生三、四個兒子，都是壯丁當差，而老子差事不去，民心服不服？兒子當差孫子也當差，至於爺爺差事還不去，民情苦不苦？如此驗看人公道不公道」？天命七年三月，亦卽攻下遼陽後，太祖諭令滿漢人等合居一處，同住，同食，各自耕種，不准滿洲人索取漢人財物(註一五)，但漢民仍爲滿洲人所侵擾。至天命十一年太宗卽位，乃改善漢民的生活環境，滿漢分屯別居(註一六)，並選清正漢官管理漢人。這種實際的教訓，爲世祖入關後，圈地滿漢分居之始：圈地後的撥補，卽由此而起；旗人不事生產的惰性，亦由使用奴隸耕作而養成。這些問題，作者擬在第四章中討論。

(註一)　世祖實錄二卷六頁：順治十一年三月「朕入關討賊……實賴滿洲兵力，建功最多，勞苦實甚，乃奔濟差繁，凡有征行、馬匹、器械、衣甲、餱糧無不自備」。

(註二)　凌純聲先生著「松花江下游的赫哲族」一四八頁。

(註三)　太宗聖訓二卷十頁：「崇德三年正月……今在各家充役之家人，間有一、二生員，然非先時濫行占取者可比，皆攻城破敵之際，或經血戰而獲者有之，或因陣亡而賞給者亦有之……是以此次所得之人，皆以死戰擒獲，及陣亡而賞給者，乃欲無故奪之，則彼奮力之勞，捐軀之義，何忍棄之？若另以人補給，所補者獨非人乎？無罪之人，强令爲奴，亦屬可憫」。

(註四)　太祖實錄七卷十二頁：「天命五年閏二月癸未」。

(註五)　太宗實錄卅卷，崇德元年七月七日。

(註六)　東方學報——東京第十二冊之二：清朝の入關前に於ける旗地の發展過程。

(註七)　籌遼碩劃一卷四十頁：熊廷弼修復屯田疏：「今遼土廣人稀，前項荒地，不但軍種不盡，民種亦不盡也」。

(註八)　天聰朝臣奏疏中卷廿六頁，丁文盛等淸水陸並進奏：「此時出征，宜統兵擣山海，坐鎮關口，控制關東，關西，並東江南海，有寧遠兵馬，或出戰而敗，或不戰而降，隨卽安撫，就在河西聚民屯田耕種，安養其關西人民，用旗招撫，安堵如故，不必急進兵取討驚散人民」。

(註九)　參見(一)：旗地的發展過程(註七)。

(註一〇)　天聰朝臣工奏疏下卷十九頁。

(註一一) 瀋陽狀啓辛巳年十二月廿三日三九〇頁：「況蒙古及漢人之來歸者，則不過期年，使自耕作，於朝鮮則五年之後，始令自耕，亦已厚矣！」

(註一二) 瀋陽狀啓壬午年(崇德七年)三月三日四一四頁：「唐斗廿石合我國斗平四十石」。

(註一三) 瀋陽狀啓：壬午年六月八日，八月十日。

(註一四) 明淸史料甲編八本。

(註一五) 滿文老檔秘錄上卷廿九頁天命七年三月太祖諭令漢人雜居：「上諭滿漢人合居一處，同住，同食，同耕，今聞滿洲人以漢人之牛車，執漢人令運糧草，並索取諸物，豈令漢人給滿人爲僕乎？因其遠處遷來，無住舍、食糧、耕田、故令與爾等合居一處，自此以後，滿洲人與漢人合舍而居，計口合糧而食，所有田地，滿漢人務宜各自耕種，若滿洲人欺索漢人，故違此諭，則漢人可扭而告於執法之官」。

(註一六) 淸鑑易知錄一卷二頁天命十一年：「上以漢民與滿洲同處一屯，多爲滿洲侵擾難堪，因令漢民與滿民分屯別居。先是漢人每十三壯丁編爲一莊，按滿官的品級，分與爲奴，上即位，念漢人與滿人同居不能聊生，叛亡殆盡，深爲可惜，遂擇其可爲官員奴僕者，按品級每備禦給壯丁八名，牛二頭，餘各處以別屯，編爲民戶，選淸正漢官管理，自此漢民無逃者」。

第二章 入關後的八旗圈地

順治元年清兵入關，建都北京，於是把近畿一帶明朝皇親駙馬、公、侯、伯、太監等的莊田分賞給八旗官兵，後因無主的荒地不够分配給陸續東來的旗人，乃圈占民間的土地，此卽所謂八旗圈地。但因無主荒田與民地犬牙相錯，爲避免「旗」「民」的衝突，乃將某一地區與無主荒地相聯的民地，全部劃歸旗人，而以邊遠的荒地補償田土被圈的農民，此卽所謂撥補。圈地爲清初一大秕政，卽指圈占民地與撥補兌換二事而言。今僅就現有史料，敍述清初八旗圈地的過程。

（一）圈地的意義

據世祖實錄十二卷十二頁順治元年十二月丁丑諭戶部：「我朝定都燕京，期於久遠，凡近京各州縣民人無主荒田及明國皇親駙馬，公、侯、伯、太監等死於寇亂者，無主田地甚多。爾等可概行清查，若本主尚存，或本主已死而子弟存者，量口給與，其餘田地，盡行分給東來諸王勳臣，兵丁人等。此非利其地土，良以東來諸王勳臣，兵丁人等無處安置，故不得不如此區劃。然此等地土，若滿漢錯處，必爭奪不止，可令各府州縣鄉村，滿漢分居，各理疆界，以杜異日爭端。今年從東先來諸王各官兵丁，及現在京各部院衙門官員，俱著先撥給田園，其後到者，再酌量照前與之。至各府州縣無主荒田，及徵收缺額者，著該地方官查明造冊送部。其地留給東來官兵，其錢糧應徵與否，亦著酌議」。可知順治元年八旗圈地並非爲了利土地，完全是爲了安置東來勳戚功臣士兵的一種不得已的措施；蓋滿洲人在關外本無糧餉，其經濟基礎完全建立在搶掠的戰爭上，這種原始性的搶掠觀念，使他們視中原爲血戰所獲的戰利品，列土分茅理有應得(註一)。遷安縣志十二卷十九頁旗租：「國初龍興入關，戚畹勳臣皆得衣租食稅，郊畿餘地，分別圈佔，義同乎胙土，制等乎分田，是爲有旗地之始」。魏裔介在其請立限田授荒土以重農工疏中：「本朝八旗之制，分田受祿既已合於成周之法」(註二)，顯係爲八旗圈地粃政，在歷史上找根據。在寶坻縣志十六卷卄五頁：「今之圈地與明之莊田，均取諸食采義耳！但規制莫不善於明，而莫善於今，……我朝定鼎，案圖考籍，度土規方，準古食采例，圈民地給各旗，旋卽撥補」。劉餘謨順治九年敬陳開墾方略疏：「夫屯田之法與滿洲圈地無異，但圈有主之熟地，則爲民害，而屯無主之荒田，則於不擾，而於國有益」(註三)。寶坻縣志甚至把圈地擾民一事完全諉過於明：「有明之皇莊，本朝之旗圈，皆官有矣！皇莊撤而旗莊興，民所存者圈之餘耳！然由今考之，雖圈猶未圈，然特與皇莊互相易而已！假令以皇莊爲旗圈，彼地之在官者，尺寸可得而問耶」(註四)。其實這些都是附會之詞，有失圈地的原始意義；圈地既有漢人所謂列土分茅的采色意味，故田賦全免(註五)。康熙年間修的雄縣志三卷一頁：「本朝八旗禁旅，帶甲數百萬，制於近畿四百里內，圈地以代餉，雄爲鑲黃旗所分屬焉。惟此項旗地，朝廷用以豢養旗僕，永遠不納官租」(註六)。「八旗王公官員兵丁，國初各給分地，附近京師，永昭世守，其地增丁不加，減丁不退，官員陞遷不加，已故降革不退」(註七)。「圈地不列入賦役者，以編入旗籍，別有所轄也」(註八)。由此可知圈給八旗的土地，完全是酬庸勳戚，豢養旗人的性質，每壯丁計口給地六餉，停支口糧(註九)。

八旗圈地除上述酬庸勳戚，豢養旗人與承襲未入關前的計口授田的規制發展外，實暗含軍事與政治作用。蓋滿洲人以少數民族入主中原，爲防漢人叛亂必先鞏固天下之根本重地，故將八旗勁旅駐於京畿附近形成悍衛之勢，以北京爲中心，五百里內住的都是旗人或和旗人有關係的人，形成密密的旗人網，以篤厚根本重地。順治十二年八月的詔諭：「畿輔之地，乃天下根本，必加意安養，使民生樂業，方能自近及遠，漸至太平」(註一〇)。劉鴻儒順治十五年請察財富以重邦計疏：「臣又有請者，順天左右郡縣拱翊王畿根本要地，自令舊人圈住，深得居重馭輕之計」。這種羣聚京師，國家給以俸餉，嚴環衛居重馭輕的辦法，在滿州人而言，當然是恩至渥，法至善也(註一一)，但對直隸諸州縣的人民而言，却是擾民的粃政了。八旗駐防畿輔的部署也有一定，「鑲黃正黃居北方，正白鑲白旗居東方，正紅鑲紅旗居西方，正藍鑲藍居南方」(註一二)。留保在請休養旗人奏：「爲休養旗人，以培國本，竊思京城九門之內，八旗滿洲官兵居之，此猶家室之有門戶，所以藩衛皇朝而爲天下根本之地也。八旗強勇，則門戶堅固；八旗怯弱，則門戶空虛，所關甚重，而八旗之怯弱，概由於貧苦，八旗之强勇，實由於富足，此不可不爲之計也」(註一三)。大清會典九五卷四四頁旗制：「及定鼎燕京，分田授宅，辨方定位，居則防衞周防，出則折衝禦侮臂指之使磐石之固，誠超越百代，垂治萬世矣」。這種列士分茅「封建式」的圈地，入關之初，世祖曾詢問洪承疇的意見，洪承疇除講了一大唯歷史事實外，對世祖之詢問並未作正面之答覆。茲抄錄世祖與洪承疇的對答於後：

上曰：鄉南不封王之說，甚合朕意，特恐將來宗支日繁，府第日闢，俸養日多，一旦外夷侵凌，中原擾攘倉庫告匱，這便是如何處置？

對曰：主人此晉遠慮，與八旗之兵食關係一體，要皆在中興以後，得以治理，自可無虞，非開國之君所預籌。況法未有久而無弊者，在賢相隨時興利，隨時除弊，一著盡之耳！如周之封建，初則屏藩王室，翼戴天子，未嘗不善也；至於春秋，則尾大不調之勢，而周室以微。秦矯其失，罷侯置守，又以孤立無助而亡。漢又懲失，遂大封同姓，至景帝有七國之變。武帝不推恩施，令諸侯削弱，而王莽又得奮其奸。魏仍漢末之失，宗室疏遠，而晉得以竊其國。晉鑑魏失分封太廣，而骨肉相戕，外夷因之以亂華。由是觀之，法雖善，久必有弊，要在隨時以審其勢，輕重以救之，勿使失於偏甚，則法之善者也！不然馴積之久，至於偏甚而不可舉正，自有大可慮者生乎其間矣」(註一四)。

八旗圈地以上三旗之旗地分佈最廣，實暗含監視各旗之意（參附表(一)(二)）。就畿輔而言，旗地以畿東，畿南或東南旗地最多；畿北，畿西或西北方之旗地則較少，這當然受地形影響，但也和察哈爾之順服，畿南最多反叛也有關係（見畿輔地圖及附註）。

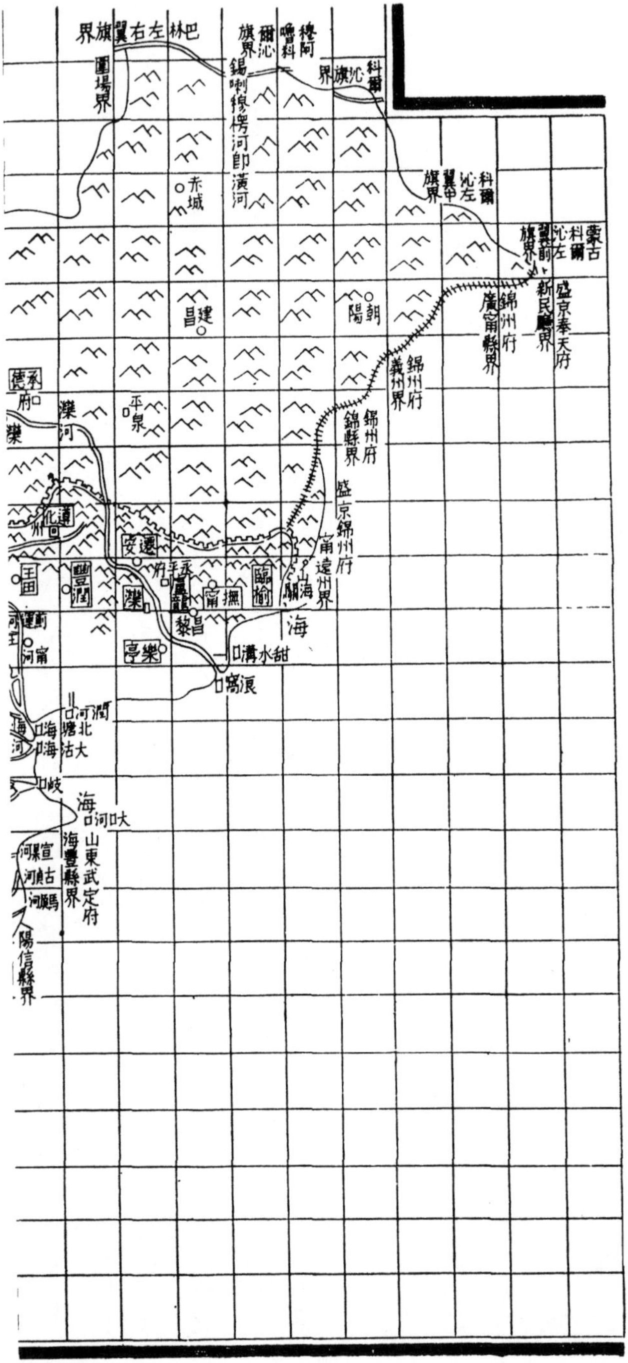

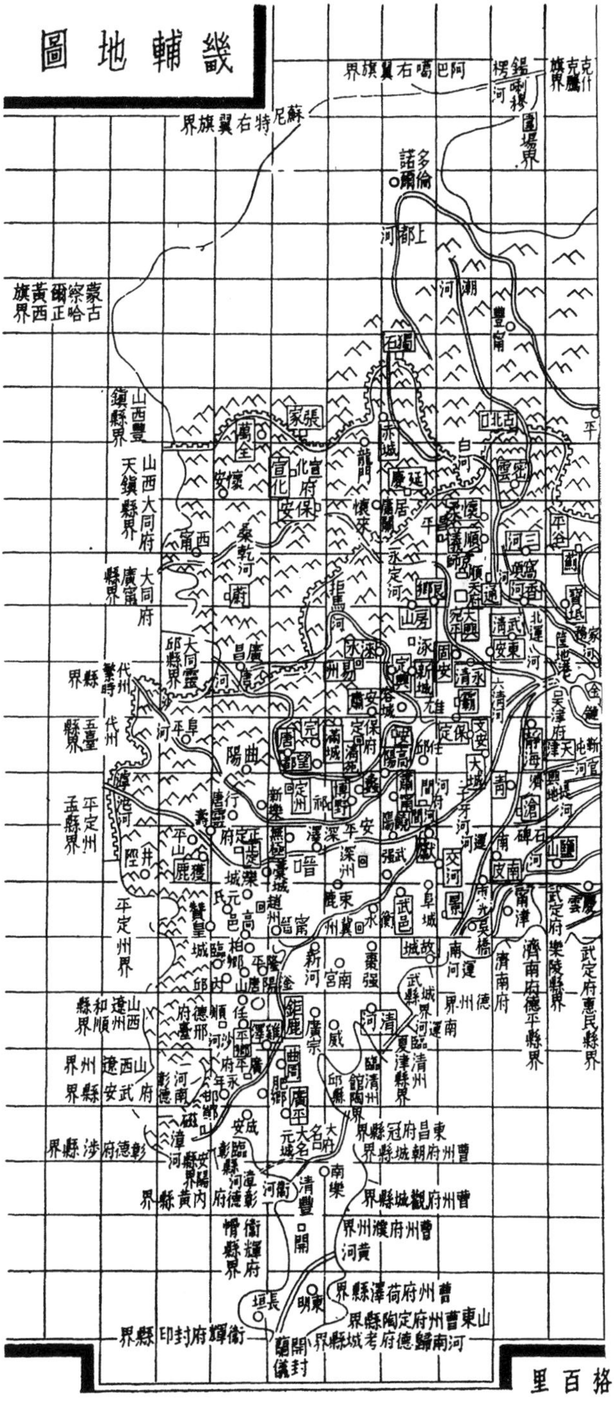

㈠本圖係根據光緒年間所修畿輔通志影印。

㈡入關之初圈地，各按左右翼次序八路分給，因多爾袞欲住永平，將鑲黃旗應得之地給與正白旗，至康熙五年鰲拜主政，又將鑲黃，正白二旗之地互換，而各旗又乘機圈佔，圈換良田，致各旗旗地之分佈零亂，無一定之規制。

㈢將附表㈠，附表㈢所記八旗旗地之分佈與畿輔地圖相對照，即可窺見旗地之分佈無一定之規制可尋。

㈣原圈地之州縣五十六(稱老圈)，其後陸續又在許多州縣圈地。老圈地多在京師附近，其後續圈之地，則距京師較遠；如畿南廣平府的圈地，即以後圈的。

㈤本圖縣名以□字圈者，即爲圈地之縣。

附表一　八旗畿輔官兵莊田分佈表

鑲黃旗	通州，涿州，昌平，霸州，薊州，遵化，灤州，安州，易州等州，大興，宛平，良鄉，固安，永清，東安，香河，三河，武清，寶坻，順義，密雲，懷柔，房山，文安，大城，保定，玉田，平谷，豐潤。盧龍，遷安，昌黎，樂亭，清苑，滿城，安肅，定興，新城，唐縣，完縣，容縣，蠡縣，雄縣，高陽，新安，淶水，河間，肅寧，任邱，交河，青縣，南皮，獲鹿，赤城宣化等縣。永寧衞，良牧署，釆育里，開平，沙河驛，德州，古北口，冷口，張口，喜峯口，羅文谷，獨石口，石匣。
正黃旗	通州，涿州，昌平，霸州，薊州，遵化，灤州，安州，易州，滄州等州，大興，宛平，良鄉，固安，永清，東安，香河，三河，武清，寶坻，順義，密雲，懷柔，房山，文安，保定，玉田，平谷，豐潤，盧龍，遷安，樂亭，清苑，滿城，安肅，定興，新城，唐縣，望都，容城，完縣，蠡縣，雄縣，高陽，新安，淶水，河間，肅寧，任邱，交河，青縣，南皮，獲鹿，開平，赤城，宣化等縣，及古北口，冷口，張家口，獨石口，石匣。
正白旗	通州，涿州，昌平，霸州，薊州，遵化，灤州，安州，易州，滄州等州，大興，宛平，良鄉，固安，永清，東安，香河，三河，武清，寶坻，順義，密雲，懷朋，房山，文安，保定，玉田，平谷，豐潤，盧龍，遷安，撫寧，昌黎，樂亭，安肅，定興，新城，容城，完縣，雄縣，高陽，淶水，河間，肅寧，任邱，交河，青縣，南皮，宣化等縣，及羅文峪，張家口，獨石口，古北口。
正紅旗	通州，霸州，昌平，灤州等州，宛平，良鄉，固安，永清，東安，武清，寶坻，順義，密雲，房山，文安，保定，樂亭，清苑，安肅，定興，蠡縣，雄縣，任邱等縣，及河西務等處。

鑲白旗	通州，涿州，昌平，霸州，薊州，遵化，灤州，易州，滄州，延慶，等州，大興，宛平，良鄉，三河，武清，寶坻，順義，密雲，懷柔，房山，文安，大城，保定，玉田，平谷，豐潤，盧龍。遷安，樂亭，滿城，安肅，定興，新城，容城，雄縣，新安，淶水，河間，肅寧，任邱，交河，青縣，靜海，南皮，赤城等縣，及良牧署，開平，沙河驛，張家口，喜峯口，冷口，羅文峪。
鑲紅旗	通州，涿州，昌平，灤州，霸州，滄州，延慶等州，宛平，良鄉，固安，永清，東安，香河，三河，武清，寶坻順義，房山，大城，保定，豐潤，盧龍，遷安，樂亭，清苑，安肅，定興，新城，唐縣，望都，完縣，蠡縣，雄縣，淶水，河間，肅寧，任邱，天津等縣，及河西務。
正藍旗	通州，涿州，昌平，霸州，薊州，遵化，灤州，易州，延慶等州，大興，宛平，良鄉，固安，永清，東安，香河，三河，武清，寶坻，順義，密雲，懷柔，房山，保定，玉田，平谷，豐潤，遷安，昌黎，清苑，滿城，安肅、定興，唐縣，容城，雄縣，高陽，新安，任邱，青縣，南皮等縣，及良牧署。
鑲藍旗	昌平，涿州，安州，易州等州，太興，宛平，水清，東安，香河，三河，武清，密雲，房山，盧龍，樂亭，定興，蠡縣，高陽，淶水，河間，任邱，獲鹿等縣，及河西務，獨石口，張家口。
附註	本表係根據大清會典事例一三五卷田賦，八旗官兵莊田而作。

附表二　八旗畿輔宗室莊田

鑲黃旗	通州，大興，武清，平谷，河間等縣。
正黃旗	涿州，易州，大興，宛平，三河，寶坻，順義，房山，保定，雄縣，任邱。
正白旗	順天府，通州，香河，寶坻，房山，沙河。
正紅旗	昌平，涿州，遼陽等州，宛平，文安，保定，定興，淶水，海城，蓋平。
鑲白旗	通州，昌平，霸州，薊州，遵化，灤州，易州，滄州，遼陽，大興，宛平，良鄉，固安，永清，東安，香河，三河，武清，寶坻，密雲，懷朋，房山，玉田，平谷，豐潤，遷安，臨榆，樂亭，保定，河間，任邱，保安，海城，蓋平，鐵嶺等縣。
鑲紅旗	通州，涿州，昌平，霸州，灤州，滄州，延慶，大興，宛平，永清，香河，寶坻，房山，新城，河間，肅寧等縣，張家口外。
正藍旗	通州，涿州，昌平，霸州，薊州，遵化，灤州，易州，遼陽，錦州，寧遠等地。大興，宛平，良鄉，永清，東安，香河，武清，順義，懷柔，房山，保定，玉田，平谷，豐潤，盧龍，昌黎，樂亭，新城，青縣，無極，保安，承德，開原，廣寧，開平等縣，冷口外。
鑲藍旗	昌平，灤州，安州，遼陽，錦州等州，大興，宛平，固安，永清，東安，懷柔，蠡縣，高陽，海城，蓋平，開平。
附註	㈠本表係根據大清會典事例一三五卷田賦宗室官莊而作。

（註一）順義縣志六卷一頁：「順義昔爲畿輔近地，故自有淸入關，列土分茅，勞賞將士，所有民地，僅餘圈殘」。

（註二）魏文毅公奏疏二卷十七頁。

（註三）皇淸奏議四卷一九頁。

（註四）寶坻縣志五卷六頁。

（註五）欽定大淸會典九五卷四五頁：「田宅，授田之法，委給畿輔閑田，除其賦役，永爲世業，厥後戶口繁滋，盛京東北及諸邊外新闢之壤，咸分授焉」。

（註六）畿輔通志九五卷三八八頁。

（註七）戶部則例七卷一頁田賦二上。

（註八）寶坻縣志一六卷二四頁。

（註九）八旗通志六二卷一二頁。

（註一〇）畿輔通志一卷二八頁註一一皇淸奏議十一卷四頁及三七卷四頁：「梁詩正：敬籌八旗變通之法疏」。

（註一二）皇朝文獻通考，一七九卷兵考一卷。

（註一三）八旗文經二七卷三頁。

（註一四）洪文襄公奏對一卷廿五頁。

（二）圈地與丈量—計口授田

圈地與丈量有不可分之關係，皇朝經世文編卅二卷五六頁姚文燮圈佔記：「圈佔非古也，本朝八旗禁旅，帶甲數百萬，制於近畿四百里內，圈地以給餉，雄「縣」爲鑲黃旗所分屬焉。凡圈民地，請旨戶部，遣滿官同有司率筆帖式，撥什庫甲丁等員役，所至村莊，相度畝數，兩騎前後牽部頒繩索，以記四周圍，而總積之。每圈共得幾百十晌，每壯丁分給五晌，晌六畝，晌者折一繩方廣，其法捷於弓丈，圈一定，則廬舍場圃皆屯有」。據皇朝通志卷八一，食貨略：順治十一年定丈量規制：「凡丈量州縣地用步弓，各旗屯莊地用繩」。考清初田制各府州縣大小不一，顧炎武日知錄：「至其土地，有以二百四十步爲畝者，有以三百六十步爲畝者，有以七百廿步爲畝者（大名府以一千二百步爲畝者）。其步弓有以五尺爲步，有以六尺，七尺，八尺爲步」（註二）。兪正燮的癸己存稿十卷二九四頁，對畝制的大小及其演變說得最爲明白：「畝制：賚儼唐書音義云，小畝百步周制，中畝二四〇步漢制，大畝三六〇步齊制，宋時用中畝，則趙宋以前皆二四〇步，別有大畝，小畝之名，今亦然。今尺大，五尺爲步，順治十一年定二四〇步爲畝，會典云：「丈量州縣地用步弓，旗地莊屯用繩」，民間以二四〇步爲糧畝，其大制，則縱黍營造尺，長五尺爲弓，方五尺爲步，畝積二四〇步，里長三六〇弓，頃有百畝，頃積二四〇〇〇步，畝爲十分積二四步，河北又有三六〇步中畝，七二〇步大畝，不分糧畝數也，江南畝制又異」。陸世儀在其論丈量田畝中又有所謂癡算與棕網之法：「丈田橫斜伸縮之間最多弊，海剛峯令民以灰劃地，而量其眼，方六尺爲眼，一眼爲步，廿四步爲一分，二四〇步爲一畝，謂之癡算，使人人皆曉，是一妙法，然不知用棕網爲尤妙；棕網者以棕繩結網，每六尺爲一眼，遇地之尖斜，畸零難算處，則以此鋪之，便捷於用灰；蓋灰算便於民，棕網便於官，二法俱不可不知」（註三）。至各旗莊屯地之丈量則用繩，一繩之長據乾隆乾增訂的清文鑑卷二一田地，「一繩長十八丈，一畝廣三丈，長十八丈，六畝爲一晌」(註三)。如以順治十二年部頒弓尺計算，「五尺爲一弓」，則一繩之長卅六弓，一繩的平方面積爲(36×36)=1296弓，一畝廣六弓，長卅六弓。一畝的平方面積爲63×62=16弓。如一繩換以畝計，1296÷216=6畝，則相當六畝。在姚文燮的圈佔記「晌六畝，晌者折一繩之方廣」，故知以繩折晌之法，仍是承襲建州女眞在關外的晌畝制而發展的。如以順治十二年所規定的二四〇步爲一畝計算，則一繩(1296÷240)=5.3畝，不到六畝。據周藤吉之先生在其「清初に於ける圈地と旗地設置との關係」一文中引用光緒卅三年三月二日的東三省日報記事「長寬各卅八弓爲一繩，插一片，計地六畝」。一繩之長爲卅八弓，即十九丈，其一繩的平方面積爲（38×38）=1444弓，如換以畝數則（1444÷240）=6畝强。考關外晌畝制，就不一律，遼俗五畝爲一日，(註四)，黑龍外記卷四：「關外土地以晌計，一畝六晌餘，黑龍江亦然，然廣挾長短，大抵約略其數，非如關內以弓步文量爲準」。盛京通志五卷：「按皆計畝，奉天計日，考自州縣稽畝徵賦外，他皆以日論，因地宜也，一日可五、六畝」。畝制大小各府州縣不一，弓步尺繩之長短，參差不齊，滿洲人在順治元年入關，兵馬倥偬之際，圈地以給東來勳戚功臣士兵，其繩之長短當亦無整齊劃一的標準。圈地時「兩騎前後牽部頒繩索」，雖無用步弓丈量準確，但爲了在短時間內安插東來的勳戚功臣士兵，不得已乃採用最迅速「捷於引丈」的「跑馬圈地」了。圈地是爲了安置東來勳戚功臣士兵的一種不得已的辦法，用兩騎前後牽引部頒繩索「圈地」，也是清初爲了便於旗人的權宜措施?!

滿洲人入關前行計口授田之法，甚至奴隸亦授以田土，至擁有奴隸多的人卽有較多的田產，太祖時每丁授田六日，太宗時每丁授田五日，入關後仍承襲着計口授田的制度，但官兵授田之畝數有定制，這與入關前只按軍功大小給以田土，無一定的規制有所不同。今僅就世祖實錄，八旗通志，大清會典事作一表，以明順康年間圈地授田之概況。(見表三)

(註一) 皇朝經世文編三一卷六頁戶政。

(註二) 同上：三一卷十五頁。

(註三) 東洋農業經濟史研究（小野武夫還曆記念論文集）周藤吉之：「清初に於ける圈地と旗地繩量との關係」。

(註四) 籌遼碩劃一卷卅九頁：熊延弼修復屯田疏。

附表三　八旗宗室及畿輔官兵給地表

定制年月	職別	地別	授田畝數	備註
順治二年	親王府總管	園地	四八畝	一、諸王貝勒貝子公等大莊每所地四二〇畝至七二〇畝不等，半莊每所地二四〇畝至三六〇畝不等，園每所六〇畝至一二〇畝不等。
	親王府管領	園地	三六畝	

	郡王以下府管領	園地	三〇畝
	各府執事人員		皆給地有差
	各官所屬壯丁	地	三六畝
順治五年	親王	園	十所(每所一八〇畝)
	郡王	園	七所(每所一八〇畝)
順治六年	襲封王貝勒貝子公		
	加封王貝勒貝子公		
順治七年	公主	園地	三六〇畝
	郡主	園地	一八〇畝
	縣主 郡主 縣君	園地	一五〇畝
	親王	園地	八所(一四四〇畝)
	郡王	園地	五所(九〇〇畝)
	貝勒	園地	四所(共七二〇畝)
	貝子	園地	三所(共五四〇畝)

二、壯丁給地停支口糧。

三、除撥應得地外(襲祖先所遺園地)餘地不必撤出,仍留本家。

四、加封貝勒公等各照本爵撥給園地。

五、親王郡王、貝勒、貝子公等所授園地每所一八〇畝。

六、順治七年後凡初封王貝勒貝子公等均照上例撥給。

	公	園地	二所(共三六〇畝)
	鎮國將軍	園地	二四〇畝
	輔國將軍	園地	一八〇畝
	奉國將軍		
順治七年	奉恩將軍		
順治元年	壯丁	地	三〇畝
順治三年	副都統以上官	園地	一八〇畝 六〇畝
順治四年	參領以下官	地	六〇畝(合二名壯丁地)
順治五年	南苑海戶	地	一八畝
順治六年	督撫布按總兵	園地	三六畝
	道員副將參領	園地	二四畝
	府川縣游守等官	園地	一八畝
順治六年	公、侯、伯	園地	三〇〇畝

七、順治四年定制嗣後民間田產永停圈撥。

八、撥給地畝雖增丁不加，減丁不退，各官雖陞遷不加已故除革不退。

九、各官帶來壯丁給地不敷每佐領下再給十名壯丁地。

十、入關後旗人(漢軍、蒙古)出任督撫布按總兵道員副將參領，府州縣游守等官者頗多，任職授田顯係除原授田外再加的。

	子	園地	二四〇畝	
	男	園地	一八〇畝	
	都統、尙書、輕騎車都尉	園地	一二〇畝	
	副都統、侍郎、騎都尉		六〇畝	
	一等侍衛護衛參領		四二畝	
	二等侍衛護尉		三〇畝	
順治六年	三等侍衛護衛雲騎尉	園地	二四畝	
	新來壯丁		三〇畝	
順治七年	舊壯丁		三〇畝	
順治十年				十一、舊壯丁原授田三六畝至是撤出地六畝撥給新壯丁。
康熙二年	新來佐領	地	三〇畝	十二、嗣後圈佔民間房地永行停止。
	新來領催	地	三晌（一八畝）	十三、嗣後守衛各陵官兵，奉祀執事官員皆按例撥給地畝，主事副內管領與員外部同，驍騎校與筆帖式同。
	守衛孝陵大臣	園地	九〇畝	
康熙三年	守衛孝陵總管	地	七二畝	

	守衛孝陵翼領	地	六〇畝	
	守衛孝陵防禦	地	三六畝	
	守衛孝陵部中	地	三六畝	
	員外部、尚茶尚膳讀祝官贊禮部並內監	地	三〇畝	
	筆帖式內務府執事人	地	二四畝	
康熙三年	驍騎禮工二部執事人	地	六畝	十四、八旗地有坍塌成河者，准與換給，其出鹻被淹地不准換地。
康熙八年				十五、停止圈給民間房地並諭令開墾關外荒地。 十六、新滿洲來京舊旗者，停給園地。
康熙廿年				十七、直隸州縣百姓墾荒田地停止圈給。
康熙十四年				

附註

本表係根據乾隆年間所修八旗通志六二卷田地志及嘉慶年間所修大淸會典事例戶部一三五卷田賦，宗室莊田，畿輔官兵莊田而作。八旗通志早於大淸會典事例，授田以晌計，爲求劃一起見，乃將晌化爲畝（一晌六畝），所得畝數與大淸會典事例所記完全相同。光緒年間所修之畿輔通志所記與大淸會典事例所記畝數亦完全相同，故不另表。

（三）八旗圈地與撥補

順治元年世祖的上諭曾云，爲安置東來諸王勳戚官兵兵人等，乃圈近畿各州縣無主荒地及前明皇親駙馬，公、侯、伯，內監的莊田。考之明朝的皇莊：「近畿內皇莊有五，共地一二八〇〇餘頃，勳戚中官莊田三三二，共地三三〇〇〇餘頃」(註一)。據大淸會典事例所記，順治元年初次給滿洲，蒙古，漢軍八旗的土地爲五八八二七頃四八畝，與明朝皇莊的頃數大致相合，故知順治元年底至次年初第一次圈地並未圈民地土地。但因皇莊與民田犬牙相錯，故於世祖上諭前十餘日，柳東寅奏陳滿漢分居圈換土地的「五便」(註二)，使滿洲自佔一方，與漢民分居，以杜異日爭端。其實漢滿分居之制在太宗時已實行，柳東寅之奏疏乃太宗諭令滿漢分居詔諭的具體說明。

世祖實錄一二卷二頁順治元年十二月：順天巡按柳東寅疏言：「淸察無主之地，安置滿洲莊頭，誠開創弘規。第因無主之地與有主之地，犬牙相錯，勢必與漢人雜處，不惟今日履畝之難，恐日後爭端易生。臣以爲莫若將州縣大小，定用地多寡，使滿洲自占一方，而後察出無主地與有主地互相兌換，務使滿漢界限分明，疆理各別而後可。蓋滿人共聚一處，阡陌在於斯，廬舍在於斯，耕作牧放，各相友助，其便一也。漢人滿人我疆我理，無相侵奪，爭端不生，其便二也。里役田賦，各自承辦，漢滿各官，無相干涉，且亦無可委卸，其便三也。處分當，經界明，漢民不致竄避驚疑，得以保業安生耕耘，故賦役不缺，其便四也。可仍者仍，可換者換，漢人樂從，且其中有主者既歸併，自不容無主者隱匿，其便五也。疏入，下戶部詳議速覆」。

第一次圈地雖圈的是無主荒田及前明皇親駙馬公、侯、伯、內監的莊田，但民田與皇莊犬牙相錯，為使滿洲同居一處，以杜異日爭端，乃有兌換之制，故順治元年的圈地也有圈占民間的房屋田土，八旗通志六二卷十一頁，順治二年：

「傳諭各州縣有司，凡民間房屋有為滿洲圈占兌換他處者，但視其田產美惡，速行補給，務令均平，倘贍顧徇庇，不從公速撥，躭延時日，爾部察出，從重處分」。

因明朝皇莊在近畿附近者居多，故將故明賞賚勳戚莊田及「民間無主荒田」，「悉令輸官，酌行分撥」(註三)。亦即先沒收「皇莊」及「無主荒田」再分配給八旗官兵。「圈占的土地有民間墳墓者，不許毀壞耕種，所植樹木，毋得砍伐」(註四)。並許其子孫歲時祭掃(註五)，以示皇清仁民愛物的德政?!但換地之民，離其田園，別其墳墓，甫種新授之田，廬舍無依，籽種未備，遽令按畝起課，民隱堪恤，乃特恩蠲租一二年(註六)，並免近畿圈地今年（順治二年）額賦三分之二(註七)。順治元年至二年初的第一次圈地，圈占民間土地似乎頗少，即令圈占民間田土，兌換撥補時仍能注意到田產的美惡與均平，故第一次圈地擾民不甚。其後二次，三次的圈地，則多占民間的田產，撥補的田土又係荒殘，乃爲後世史家目爲清初一大粃政，其故卽在此。

第二次圈地在順治二年底至三年初，共圈去土地共五一八三九頃五七畝，這次圈地除圈河間，灤州，遵化等府州縣的無主荒地及「皇莊」外，並圈了許多民間房屋田土。但因滿清剛入主中原，人心未定，而南明三王繼起抗清，使清廷多所顧慮，故多爾袞等對殘留於燕京的明朝公、侯、伯、駙馬、皇戚、太監，除沒收其原有田土房屋外，仍照家口撥給田土房屋，以示寬大，號召人心(註八)。因這次大量圈佔民間土地，乃有撥補之制。世祖實錄廿二卷九頁順治二年十二月戶部尙書英俄爾岱奏言：

「臣等奉命圈給旗下地畝，查得易州、安肅等州縣軍衛共卅六處無主荒田，盡數撥給旗下，尤苦不足，其未察地方，如滿城，慶都等廿四州縣，尙有無主荒地，若撥給旗下，則去京漸遠，兵民雜處，多有未便，議將易州等縣有主田地，酌量給兵，而以滿城等處無主田地，就近給民，庶幾兩便。至於清查事緒繁多，應差廉幹官員前往，從公撥給，務令滿漢兵民，各守寧宇。疏入，得旨：遣給事中四員，御史四員，同戶部司官八員，前往撥給」。

撥補人民田土，先從戶貧地少者始，蓋富者失業，僅至於貧，窮者失業，必至於死。「請先將故明勳戚內監皇莊軍屯，補給貧民，拋荒故絕，補與鄉紳富戶。荒地免稅三年，熟地免稅一年，以資開墾遷移之費。軍屯地，不論何衛，但坐落某縣者，卽准補某縣，不煩遠徙，誠爲至便」

(註九)。「民間田地，撥給滿洲，雖於鄰近地方補還，但廬舍田園頓非其故，遷徙流離，深爲可念，應照被撥地數，一應錢糧，全免一年；其地土房舍，雖未撥給滿洲，而與近村被撥之民，同居分種，亦應照分出地數，將一應錢糧免一半；凡故明公侯外戚屯地，既經撥出，其錢糧自應照數永免。如有被撥之民，將他處未撥產業，混開冒免者，察出重究」(註一〇)。從表面觀之，「撥補」之制以地還地，以田還田，並未擾民：「直隸民人田地被圈者，以各州縣連界地撥補，其不願他去者，以未圈之民房均分居住耕種」(註一一)。但事實上，「圈撥之地，或以他縣抵補，或虛懸並未抵補也」(註一二)。故知圈地之擾民，從第二次圈地時已開始了。

第三次圈地在順治三年底四年初，共圈去土地三〇八一八頃七八畝（見附表四）。自第一二次圈地後近畿一帶故明勳戚功臣太監的莊田及無主荒地幾乎完全圈佔盡盡，乃圈佔民地：「應於近京府州縣內，不論有主無主地土，撥換去年所圈薄地，並給今年東來滿洲，其被圈之民，於滿洲未圈州縣內，查屯衛等地撥補」。乃照「遷移遠近，豁免錢糧，四百里者准免二年，三百里者准免一年」(註一三)，以爲貧民遷徙搬家之費。按順治四年圈佔民地後撥補之畝數爲五九六〇四頃八九畝（見附表五），則知此撥補之畝數，除包括因第三次圈地後撥補的畝數外，還包括第二次圈地後所撥補之畝數，乾隆年間所修的武清縣志二卷四四頁撥補：

「順治二年圈丈武清近城地三二四八八晌計二二七四頃一六畝（如以一晌六畝計之應爲一九

四九頃二八畝，故此處之記載可能有錯），分給旗人，順治四年將德州正左二衞四八屯及抛荒之民地補還民人，謂之撥補。其糧仍於德州二衞徵解，其地或租或種，聽民自便」。圈地旨在爲旗人置恆產，故其田土爲一種永業田。「凡撥給地畝，以見在爲準，嗣後雖增丁不加，減丁不退，各官雖陞遷不加，已故降革不退」(註一四)。賦役永免，也不准私自典賣（咸豐二年始准旗民交產，旗地變爲民地者始徵稅，作者擬在本文第四章詳細討論）。雖然圈地在順治四年詔諭停止，但入關後的旗人，以征服者的餘威，私自圈佔民地仍在所不免；甚至「圈佔民地以備畋獵放鷹，往來下營之所」。這種「奪民耕耨之區，斷民衣食之路」的圈佔，實非牧民之道，故是年卽准李運長「請免圈良涿十三洲縣餘地，以甦民困」(註一五)。但因旗人對土地之不善經營，「連年征戰」，「奴隸的逃亡」田業荒廢，復以「水冲沙壓」原來肥沃的良田變爲荒地，旗人生計無着，於是又有圈地之舉，這就是清廷屢次下詔諭停止圈地而屢次圈地的原因，也就是清廷明知圈地爲擾民的粃政而不能廢止的關鍵所在。至順治十年乃想出一辦法，「取每壯丁退出一晌之地，及內務府退出地畝發給，如地畝不敷，將與滿洲地界相連民地取撥」(註一六)。並下詔以後民間地土房屋不許再行圈佔。世祖實錄八〇卷十頁順治十一年正月都察院奏：

「滿洲兵丁，雖分給地土，而歷年並未收成，因奉命出征，必需帶人，致失耕種之業，往往地土曠廢，一遇旱澇，又需部給口糧；且以地瘠難耕，復多陳告，而民地又不宜再行圈佔，請查壯丁四名以下，地土盡數退出，量加錢糧月米；其馬匹則於冬春二季酌與餧養價銀，其退出之地擇其腴者，許令原得瘠地之人更換，餘則盡還民間；在滿洲有錢糧可望，樂於披甲，而無瘠地之苦，至民間素知地利，復不至於荒蕪」。

天然的「災禍」，與人爲的「損傷」，使「生業凋零」，復以授田不均：「凡官兵俱計丁授田，富厚有力之家占田多者，至數百晌，滿洲披甲人，或父子兄弟，所得之田，不過數晌，征役甚繁，授田甚少，殊爲可憫」(註一七)。故一遇水旱之災，貧苦旗人除仰賴賑濟外，祗有坐以待斃了！賑濟八旗之事康熙中葉以後最爲頻繁，養成旗人完全靠豢養的依賴性。今僅就順治十年停止圈地後賑濟八旗之情形述敍一個概要。

世祖實錄九八卷二頁順治十三年二月：「以八旗地畝，被水蝗雹災，特給滿洲蒙古每牛彔米三百石，漢軍每牛彔三百石，俾酌給各披甲人役及窮獨者」。

世祖聖諭一卷五頁順治十四年十二月：「上諭戶部曰皇太后聖體違和，今已大豫，朕心深爲欣慰，八旗及畿輔人民，應加恩賚，以洽聖心，茲發內帑銀十萬兩，一半給八旗官兵，一半遣官賑濟畿輔貧民，爾部卽令遵行」。

原八旗報災，例差八旗章京分行踏勘，按冊回覆，按晌給糧，「但八旗止憑踏看澇地給米，是以不勤農務，故是法在順治七年永行停止，乃准王以下，官員以上給俸米一石」(註一八)。順治十八年後遇特殊的天災始賑濟八旗，以後並廢踏勘之制，與民例一體賑恤(註一九)。

自順治元年二、四年三次大規模的圈地（共圈去田土一六六六三六頃七一畝），至康熙二年十多年的時間，由於旗人不善耕種，農奴之逃亡，天災之損害，水冲沙壓，使肥沃的良田漸變成不堪耕種的土地，賑濟亦非置民恆產，長治久安之策，故康熙二年又議圈民地以換不堪耕種的旗地。八旗通志六二卷廿頁康熙二年：

「戶部查明鑲黃，正白，正紅，鑲藍各旗壯丁一百名以上，地畝不堪者共二六四五〇名，應將順天，保定，河間，永平等府屬州縣圈出地畝一三二二五〇晌，分給各旗，每壯丁一名給地五晌，准令遷移，並請部差員，旗員，地方官酌量換給，議得上旨」。

康熙三年詔諭民間土地不許再圈，並限定換地：「八旗地有坍塌成河者，准與換給，其出鹻及被淹者，不准換地」(見附表㈠備註十五)。至康熙五年因鰲拜之弄權與蘇克薩哈的政爭，造成旗與旗間的政爭；原蘇克薩哈屬於正白旗，鰲拜屬於鑲黃旗，這時鰲拜最當權，乃翻舊案要將多爾袞主政時擅用職權，不合規定圈給正白旗的地土換給鑲黃旗，如是各旗又乘機圈佔民間的土地，造成自順治後最大的一次擾民事件。這次政爭鰲拜是勝利了，蘇克薩哈處死，主持換地的蘇納海，敢於言民間疾苦的督臣朱昌祚，巡撫王登聯均因牽涉此事喪了性命。據祖實錄一八一五頁康熙五年正月記鑲黃旗與正白旗換地之事：

「先是，八旗地土，各照左右翼次序分給，時因睿親王多爾袞，欲住永平府，故將鑲黃旗應得之地，給與正白旗，而鑲黃旗之地於右翼之末，保定府、河間府、涿州等處。廿餘年旗民已各安其業，至是輔臣鰲拜因連姻啞，每次論事相爭成隙；且鰲拜鑲黃旗人，蘇克薩哈正白旗人，而鑲黃旗應得之地，爲正白旗所占，鰲拜故立意更換，索尼亦素惡蘇克薩哈，遏必隆不能自異，因共附和之。鰲拜遂使八旗因地土不堪呈請更換，移送戶部」。

戶部尚書蘇納海以康熙三年民間地土不許再圈之旨駁回所請，但這時正是鰲拜炙手可熱之時，戶部鬭他不過，議政諸王貝勒大臣，九卿科道也多爲鰲拜所御用，於是康熙五年三月遣都統固山貝子溫齊等，查勘各旗沙壓，水淹，不堪耕種之地，據報奏：「鑲黃旗尤不堪，其餘各旗一半可耕者，亦間有過半可耕與全不堪者」(註二〇)。旗人不善經營農田，農奴的逃亡，天災的損害，水冲，沙壓使肥沃的良田漸成不堪耕種的土地，這是事實，但也不至整旗的土地荒廢不堪耕種的地步！故溫齊的報告顯係「虛報」？而各旗爲了乘機圈占土地，也把可耕的田土揑報不堪耕種的荒地，鰲拜遂藉此翻舊賬，將鑲黃旗的土地換給正白旗，於是議：

「鑲黃旗近圈順義，密雲，懷柔，平谷四縣之地，毋庸撥換外，其左右翼之涿州、雄縣、大城、新安、河間、任邱、肅寧、容城等處地，應照舊例，從頭挨次撥換。將正白旗通州、三河、灤東大路北邊至豐潤縣地，永平週圍留剩地，撥給鑲黃旗，如不敷，將遵化至永平路北夾空地圈給。其正白旗所撤通州迤東路之地，亦應於永平周圍地內撥補，不敷，將路北夾空民地，灤州、樂亭縣民地圈給」(註二一)。

於是准將涿州的鑲黃旗壯丁移入順義、密雲、懷柔、平谷四縣，並圈給民地。其河間、雄縣、大城、新安、任邱、肅寧、容城等七縣內鑲黃旗的壯丁以通州、三河、迤東大路北邊至豐潤縣地，永平縣周圍留剩地及遵化至永平路北夾空地圈給。俟鑲黃旗遷徙事竣，再差員將正白旗滿州地，投充人地，皇莊地，丈量明白，取具實數，酌議分撥(註二二)。據巴格等疏言：「鑲黃旗遷移壯丁共四〇六〇〇名，該地二〇三〇〇〇晌，將薊州、遵化、遷安三處白旗壯丁分內地，民地，開墾地，多出地，投充漢人地派給，不敷，將延慶州民地撥補。其正白旗遷移壯丁二二三六一名，該地一一一八〇五晌，將玉田，豐潤二處民地，多出地，開墾地，投充漢人地，並永平投充漢人地派給，不敷，將永平、灤州、樂亭、開平民地，酌量取撥」(註二三)。其餘六旗地畝內，「一半可耕，一半不堪者，不准撥給外，其過半不堪，與全不堪者，應將各旗圈內空地，或退還地畝，酌量撥換，俱俟秋成後，差員丈量分撥」(註二四)。這次鑲黃旗正白旗圈換土地，不止民人受擾，旗人亦受其困，今抄錄主持這次圈換土地的總督朱昌祚，巡撫王登聯的奏章於後，以見當時圈換土地的實際情形。

朱昌祚直陳旗民圈占疏：「臣奉文星馳往筒薊州，野外露處帳房，每日督率道州各官，公同部員旗下章京牛彔，從城壕邊圈起，由近至遠，照牛彔所管披甲壯丁次序晌畝，將房地逐一丈量，迄今將近一月，茫無就緒；蓋其換圈過地畝，仍有肥瘠不同，各旗官丁，視擇厚薄相持不決，而被圈夾空民地百姓，又哭愬失業，殆無虛日……但臣見鑲黃旗行圈正白旗薊州地畝，皆吶吶有辭，其情不一，或因新圈土地瘠薄，反不如舊得原地肥美者；或因本旗舊地不堪，今圈得新地，仍坺不堪者；間有所得舊地薄而新地厚者，承受無言矣！其有所得舊地厚，而所換新地薄者；觀望吁嗟矣」（武淸縣志十卷卅五頁）。

巡撫王登聯分圈路南地土疏：「侍郎臣雷虎同臣分圈大路迤南玉田、豐潤、開平、灤州等處，臣隨同部臣東行，見所在田地極目荒涼，民間之待圈者，寸壤未耕，旗下之待圈者，半鏺未下，夫大小二麥爲續食之膏，明歲春夏靑黃不接之際，目前既無墾種，將來當復何望？滿漢並困，此一端也……遂於十一月初六日，復回玉田，乃自玉田西界曲河頭下圈起，甫施一圈，而旗下官丁，各有異說，咸謂此地非山崗石磧，則河淤堿鹵，舊給之地，美惡各半，令我們養馬披甲，給我們坡溝薄地，相與爭執，不肯承受，此其一端也。」（武淸縣志十卷卅九頁）。

以上二奏章不見於淸初官方文件中；皇淸奏議，皇朝經世文編亦未载，而在乾隆七年所修的武淸縣志中發現，像這樣原始直接的第一手史料，不見於官方文件或私人文集中，而見於地方志者其例頗多。作者認爲如將各府州縣的地方志加以整理一定可以發現許多散失的原始直接的第一手史料。

康熙五年的政爭，各旗乘換地的機會圈佔民地，致旗人與漢人均受困擾，至康熙六年乃定換地的標準：「題准八旗地有坍塌成河者，准與換給，其出鹻或被澇者，不准換給」(註二五)。但圈換房地，仍「致民生失業，衣食無資，流離困苦」，故致康熙八年，乃有嗣後民間房地永行停止圈占，並將是年所圈民地悉令給還民間；但念及旗人「無地亦難資生」之艱困，乃議將邊外空地撥給旗人。「張家口、古北口、殺虎口、喜峯口、拉石口、山海關外，各有曠土，如宗室官員及甲兵有願將壯丁地畝退出，取口外閑地耕種者，該都統、副都統給印文咨送，按丁撥給」(註二六)。其後八旗圈地乃轉向關外發展(至關外東北一帶的開墾與八旗圈地之關係，作者擬在本文第五章中詳細討論)。康熙九年「以喜峯口外既無荒地，正紅旗又無至邊外領地之人，不必發給，請以古北口外地，撥與鑲黃旗，正黃旗，羅谷外地撥與正白旗，正藍旗，張家口外地撥與鑲旗，鑲藍旗」(註二七)。

圈撥民間田土雖於康熙八年完全停止，嗣後亦不准再圈，但「貧困旗丁無房可住，無田可耕」，乃令「八旗王以下，官員人等以上，有房屋四十間者，分撥一間，給與居住；無田土者，以戶部所存未分撥田土發給，並丈量王以下，官員人等以上，戶內田土有較原數浮溢者，令存留發給」

(註二八)；或以民間開墾的荒地及旗下莊頭將窪下之地開墾，經丈量而有餘者，撥給貧苦旗人(註二九)；或以壯丁退出一餉地，及內務府退出地畝，照晌撥給」(註三〇)。但始終維持民地不可輕動的原則，雖然如此，但圈民間開墾的荒地，仍為病民之政，故康熙廿四年三月(聖祖實錄一二〇卷一九頁)：

「上諭大學士等曰：凡民間開墾的田畝，若圈與旗下，恐致病民，嗣後永不許圈，如旗下有當撥給者，以戶部見存旗下餘田給之」。

八旗在畿輔附近之圈地自順治元年始至康熙廿四年完全停止，其間除圈前明皇莊無主荒地與民地外，還圈了許多額外的田土。這些資料散見於各方志中，作者將在各方志中所見零星，不完全的記載作一表，以明一個大概：

年月	地名	地別	原額頃畝	圈給旗別	圈給頃畝	圈投	備註
順治二、三、四年	豐潤	五圖竈地	頃畝 四、八九四·六五·四 小畝		頃畝 二、〇四七·七七·八		一卷四八頁
順治三年	樂亭	僧道香火地	一七·七一·		一七·七一·		十二卷三頁
順治三、四年	寶坻	額外宮邊地	八、三〇·九六·六		一、一六七·四一·三		一六卷二四頁
順治四年	寶坻	竈地	八、三〇·九六·六		四六一·八七·三		五卷八頁

順治四年	任邱	皇莊籽粒地			六七六·五六	圈丈	三卷十六頁
順治四年	任邱	牧馬草場地			六一·四七·	圈丈	同上
順治四年	順義	原額寄莊地	三三七·八八·一		二〇九·七一·三		六卷十六頁
順治八年	武清	順治二、三、四年撥補與前衛地，功勳籽粒地備荒地備邊地	三、五四三·五一·八		三、五四一·五一·八	圈丈	二卷四頁
順治年間	武清	竈地	九三·八〇·四		三三·一六·四		二卷三頁
節年	豐潤	額外開墾地	一六七·四一·五		一〇·六三·七		一卷四八頁
節年	大城	撥補馬房原地	三三〇·五三·一		一八一·九三·一	圈投	三卷七頁
節年	大城	牧馬地	五四六		五二三·五八·八	圈投	三卷十六頁
節年	大城	屯地	三四一·一七·五		二八七·七七·九	圈投	同上
	武清	宮邊地	三、一一四·八六·六		一、〇九七·七〇·三	圈丈	二卷四頁
	武清	馬房地	二、四三八·四六·四		一、一〇七·六三·四	圈丈	二卷十六頁
	豐潤	淸查出竈地	二四一·七三·五		八·三一	圈丟	一卷四七頁
	豐潤	開平衛屯地	一、〇〇五·七三·八		八六六·三五·五	圈撥	一卷四八頁
節年	順義	原額河淤鐵地	四六六·八三·六		四〇八·一九·三	圈	六卷十六頁
康熙二、三、四年	寶坻	開荒地		各旗壯丁	四三·八〇·		一六卷二四頁

康熙五年	順義	順治十一年開墾河淤鐵地	五一・八八・〇九・	鑲黃旗	五一・八八・〇九・		六卷六頁
康熙五年	順義	順治五、六年開墾清出金地	一三一・六六・三	鑲黃旗	一〇九・三一・五		同上
康熙五年	順義	原額香火金地	五四・一		一		同上
康熙五年	順義	圈剩之河淤鐵地	五八・六四・三		七・四三・一		同上
康熙五年	順義	康熙二、六年退出壯丁折金地	三一・六八・八		二一・八七・六		六卷六頁
康熙十八、十九年	順義	康熙十年清查河淤鐵地	六三・二・八		二九・七七・		同上
康熙廿年	順義	順治五六年間開墾清出全地			一・六〇		同上
康熙廿年	順義	順治十六年開墾河淤銅地	六八・八・	鑲黃旗	六八・八・		同上
康熙廿一年	順義	康熙十七年退出壯丁鐵地	三三・一三・		一五・		同上

一、本表就各縣志而作，但因各方志所修年代不同對旗地之記載詳略互異甚至有完全不記載旗地之事，故作者只期在現有的零星史料中，看出圈地的一點影子。

二、本表備註欄所記為該資料之出處，亦即該縣志之卷數頁數。

三、順治二、三、四年三次圈地除圈皇莊民莊外，還圈丁龍地(鹽地)，牧馬草場地，僧道香火地，屯地，額外宮邊地，寄莊地等，這些都是額外土地。

四、順治八年第二次停止圈地後至康熙廿四年，其間的圈地多屬墾荒地，與本文所述完全相同。

至駐防各處的八旗勁旅，雖圈給土地，但爲數不多，卽令少許的田土房屋，因格於旗人不能隨便在外置產業的禁令，也漸轉讓給民人，此非本文範圍，故從略。另有八旗塋地，此制始於順治十年詔：「八旗貧無葬地者，每旗撥給墳塋地五十晌」(註三一)。塋地必須在平原高燥地，且須在道路附近，才便於貧苦兵丁，其撥給八旗的塋地以內務府所管地畝，及諸王大臣土地丈量有溢於正額者撥給。八旗塋地佔地亦甚少，故亦從略。

另有八旗牧場，爲八旗宗室諸王貝勒牧馬之地，順治二年准近畿廢地均撥給壯丁墾種，如撥給有餘，方准爲牧馬場(註三二)。順治六年准順義、淸河、瀞縣、沙河、蘆溝橋五處荒地二萬四千四百七四晌，潞河、沙河、淸河、桑乾河兩岸各長五里，濶三里，俱令丈作馬場(註三三)。是年諭：「嗣後棄地爲牧場之例，永行停止，如沙地不堪耕種者，仍留牧馬」(註三四)。順治十二年准親王牧場方二里，郡王牧場方一里，額外多占者，撥給新壯丁(註三五)，據王慶餘石渠餘記四卷四八頁記牧場：「我朝開基東土，耕牧兼資，世祖入關從龍者不下四十萬匹，考牧之務亟矣！乃以近畿墾荒餘地，斥爲牧場分親郡王以里計，餘四旗以頃計，亦圈地也。順治六年始立限制，停止棄地爲廠」。這些牧場在康熙廿四年，天下平定後，漸漸開墾分配八旗貧苦兵丁耕種，今僅就八旗通志七五卷所記畿輔牧場以明八旗牧場之分佈：

鑲黃旗：坐落武淸寶坻二縣，自唐畦西至陳林莊七〇里，南自張家口，北至上馬台九〇里。

正黃旗：坐落天津府，西北自俞家莊，東北至小稍子口三五里，西南自孫家莊，東南至秋家莊四七里。

正白旗：坐落天津府東自好字沽，西至白家莊四二里南自城兒上，北至清溝六五里。

正紅旗：在灤山者二五〇晌，在蘆溝橋高陵者四六六〇晌。

鑲紅旗：坐落順義在天二，馬府村者五八八晌，在蘆溝橋西者八〇晌。

正紅旗：坐落豐台玉蘭村東西卅里南北五〇里。

鑲藍旗：坐落草橋十里，郭房八里。

附表四　八旗畿輔官兵三次給地表

旗別	部別	初次給地	二次給地	三次給地	共地	總壯丁地
鑲黃	滿洲	頃畝 二、六三一·六〇	頃畝 二、五三八·九〇	頃畝 一、三一三·一〇	頃畝 一五、四八三·六〇	頃畝 二三、六三三·四〇
	蒙古	一、七九四·三〇	一、七〇〇·一〇	四一三·七〇	三、九〇八·一〇	
	漢軍	二、〇〇〇·四〇	一、一八八·三〇	一、〇五三	四、二四一·七〇	
正	滿洲	四、四〇六·四〇	九、一七四·九〇	一、八七三·八〇	一五、四五五·一〇	二三、五四三·八五
	蒙古	七五六·九〇	一、一二七·一〇	一八八·四·六〇	三、七六八·六〇	

黃	漢軍	一,二七四·二五	一,八七八·七五	一,一六七·一五	四,三二〇·一五	
正白	滿洲	五,七三七·三〇	三,三三六·七〇	四,三三四·一〇	一三,四〇八·一〇	二〇,八一六·四八
	蒙古	一,二九三·七五	一,二四七·五五	一,〇九四·五八	三,六三五·八八	
	漢軍	八六七·六〇	一,四六五·二〇	一,四三九·七〇	三,七七二·五〇	
正紅	滿洲	二,二三九·八八	五,三一〇·八四	二,一二〇·七〇		一二,四〇七·一〇
	蒙古	三三五·八〇	七六五·六〇	五五五·三〇		
	漢軍	二七八·一〇	六四〇·八〇	三七〇·二〇		
鑲白	滿洲	六,二六八·五〇	二,六七四·二〇	二,二　〇·二〇		一五,四四四·三〇
	蒙古	一,〇一四·三〇	一,八六一·九〇	九五六·一〇		
	漢軍	六〇九	三〇三·三〇	四六六·八〇		
鑲紅	滿洲	一,一〇〇·七〇	五,七八七·一五	二,六一二·二五		一三,〇五五·七〇
	蒙古	三五·四〇	一,三四五·五〇	六四三·二〇		
	漢軍	三〇七·八〇	六三〇	五九三·七〇		
正	滿洲	六,一九八·七五	三,九九二·七〇	二,二七九·四〇		一七,一三六·六〇
	蒙古	一,二〇三	七三三·九〇	七一〇·六〇		

藍 漢軍	八八三·九五	七三二·九〇	四一〇·四〇	
鑲藍 滿洲	六,五〇三·八〇	二,三四〇·九〇	一,四六〇·四〇	
鑲藍 蒙古	一,五四八·三〇	二四〇·七〇	四三一·一〇	一四,二一一·二八
鑲藍 漢軍	七五八·七〇	四八三·六〇	四五三·六〇	
總兵	五八,八二七·四八	五一,八三九·五七	三〇,八一八·七八	一四〇,一二八·七二
附註	本表附註與附表三相同			

附表五 圈地撥補表

年月	圈地之洲縣	撥補之州縣	圈地晌畝	撥補地別	備註
順治四年	順義、懷柔、密雲、平谷	延慶、永寧、新保安、永寧衞、延慶衞(左衞右衞)懷來衞	六〇七〇五晌	無主荒地	
	雄縣、大城、新城	東鹿、阜城	四九一一五晌	同右	
	容城任邱	武邑	三五〇五一晌		
	河間府	博野、安平、肅寧饒陽	二〇一五三九晌	先圈薄地	

昌平、良鄉、房山、易州	定州、晉州、無極、舊保安、深井保、桃店堡、遞鶴堡、雞鳴堡、龍門廳	五九八六〇晌	無主屯地
安肅、滿城	武強高木城	三五九〇〇晌	
完縣、清苑	眞定縣	四五一〇〇晌	
通州、三河、薊州、遵化	玉田、豐潤、遷安	一一〇三八晌	圈剩無主屯地 遷安無主屯地
霸州、新城、漷縣、武清、東安、高陽、慶都、固安、永安、永清、滄州	南皮、靜海、樂陵、慶雲、交河、蠡縣、靈壽、行唐、深澤、曲陽、新樂、祁州、故城、德州	一九二五一九晌	無主屯地
涿州、淶水、定興、保安、文安	獻縣	一〇一四九〇晌	先圈薄地
保坻、香河、欒州、樂亭	武城、昌黎、撫寧	一〇二二〇〇晌	無主屯地
共　地		九九三四〇七晌 (五九、六〇四·四二畝)	
附註	一、本表根據八旗通志六二卷一四頁而作。 二、撥補田土，均係「荒地」，「屯地」，「薄地」，圈撥之擾民，如此又得一證明。 三、本表與附表十可相互對照。		

(註一)　明史一八五卷一九七一頁：李敏等傳及明志食貨志七七卷八一七頁：

(註二)　世祖實錄一二卷三頁。

(註三)　八旗通志六二卷十頁。

（註四）世祖實錄一四卷一二頁：順治二年二月諭戶部。

（註五）同上：一四卷九頁兵科給事中向玉軒疏言。

（註六）同上：一四卷一六頁順天巡撫宋權疏言。

（註七）東華全錄四卷一八頁，順治二年六月。

（註八）世祖實錄二〇卷二〇頁順治二年八月諭戶部：「河間灤州，遵化等府州縣，凡無主之地，查明給與八旗下耕種，其故明公侯伯駙馬，皇親，太監地，酌照家口撥給，餘給八旗」。

（註九）世祖實錄二四卷二頁：順治三年三月，兵科給事中李運長疏言。

（註一〇）同上：二五卷一頁順治三年三月戶部疏言。

（註一一）交河縣志二卷十頁：撥補項下。

（註一二）皇朝經世文編三一卷四八頁順治三年張懋熺請成賦定額方册疏。

（註一三）世祖實錄三〇卷三頁順治四年正月戶部奏請。

（註一四）畿輔通志九五卷三八八二頁順治四年旗租。

（註一五）世祖實錄五三卷二七頁順治八年二月上諭戶部諸臣曰：「田野小民，全賴土地養生，朕聞各處圈占民地，以備畋獵放鷹往來下營之所，夫畋獵以為講習武事，古人不廢，然恐妨民事，必於農隙，今乃奪其耕耨之區，斷其衣食之路，民生何以得遂，朕心大為不忍」。

（註一六）武清縣志十卷二二頁，趙之符請還新圈地畝疏：「伏查世祖章皇帝於順治十年奉有以後民間地土房屋不許再行圈占之旨，比因八旗地畝水冲沙壓，往往另圈撥給，在朝廷優恤旗兵，良非得已，但日今換地之舉，有不必以圈占苦民者；竊見戶部請旨一疏，所開八旗應換地畝，約有三萬一百餘晌，通計不過一千八百餘頃，據稱應取每壯丁退出一晌之地，及內務府退出地畝撥給，如地畝不數，將與滿州地界相連之民地取撥，業奉旨依議在案」。

（註一七）八旗文經二五卷八頁，折庫納順治十六年密陳四事奏：「一曰均田以為披甲人恆產，年來用兵披甲人買馬製械，奴僕逃亡，生業凋零，艱難日甚。我國家初定中原，凡官兵俱計丁授田，富厚有力之家占田多者，至數百晌，滿洲披甲人，或父子兄弟，所得之田，不過數晌，征役甚繁，授田甚少，殊爲可憫！今正當有事之秋，凡官兵應無論人丁多少，概視差等，均授其田；其閑散人戶，亦行量給，凡有增減，定例十年或十五年一加編審」。至奴僕逃亡影響旗人生產之事，擬於第三章討論。

(註一八) 世祖實錄四七卷六頁：「順治七年正月諭戶部」。

(註一九) 武清縣志十卷十九頁，趙之符請酌議蠲糧則例疏：「竊思八旗圈給地畝，皆環列畿輔，某旗之地，坐落某府、某州、某縣，皆與圈外民地犬牙相錯，地雖沃瘠不同，而被災輕重未始與民田獨異，伏請敕部定議，嗣後各旗報災，不必重煩部踏勘，止就該地方官所報民地被災分數，分別某州縣民地受災幾分，即行賑濟」。

(註二〇) 聖祖實錄一八卷一五頁康熙五年三月。

(註二一) 同上：

(註二二) 同上：一八卷一九頁康熙五年三月。

(註二三) 同上：廿卷廿頁康熙五年十二月。

(註二四) 同上：一八卷一八頁，康熙五年三月。

(註二五) 八旗通志六二卷二四頁康熙六年。

(註二六) 聖祖實錄三〇卷八頁康熙八年六月諭戶部：「朕纘承祖宗丕業，安天下，撫育羣生，滿漢軍民，原無異視，務俾各得其所，乃愜朕心！比年以來，復將民間地房，圈給旗下，以致民生失業，衣食無資，流離困苦，深爲可憫，自後圈占民間房地，永行停止。其今年所圈者，悉令給還民間，爾部速行曉諭，詔朕嘉惠民生至意！至於旗人，無地亦難資生，應否以古北等口邊外空地撥給耕種，其令貝勒大臣確議以聞」。

(註二七) 畿輔通志九五卷三八八二頁康熙九年。

(註二八) 八旗通志六二卷二七頁康熙廿二年八月。

(註二九) 同上。

(註三〇) 同上。

(註二一) 八旗通志田土志十三卷
(註二二) 八旗通志七五卷一頁
(註二三) 同上
(註二四) 同上
(註二五) 同上

(四) 官莊與莊園

所謂官莊除指內務府所屬官莊外，尚有分隸於禮部光祿寺各衙門部寺官莊，均自行徵收支放以給公用，皆不屬戶部(註一)。官莊之設立，據皇朝文獻通考卷五田賦五的記載：「順治元年設立官莊」，則內務府之設立當在順治元年以前，或同時設立。咸豐二年欽定總管內務府現行則例云：「國初設立內務府，順治十一年置十三衙門，十八年裁十三衙門，乃置內務府」(註二)，對內務府設立之確實日期仍不能確指。清入關後承襲着關外的莊園制度，凡八旗宗室勳戚功臣皆給以莊田（見附表六），但據附表（七）八旗宗室莊田的記載：鑲黃、正黃、正白三旗的莊田最少，此並非此三旗之親王貝勒貝子少，實因此三旗爲眞正的皇親國戚，入關後構成清朝皇室的主要份子，所賜莊田，由內務府所屬會計司總管；內務府官莊卽屬正黃、鑲黃、正白上三旗的莊田。據文獻通考卷五，田賦五，內務府官莊：

「順治元年設立官莊，是時近畿百姓帶地來投，設爲納銀莊頭，願領入官地畝者，亦爲納銀莊頭，各給繩地（每四二畝爲一繩），其納蜜葦棉靛等物者附焉！計立莊百三十有二，不立莊者仍其戶，計二百八十五戶，分隸內務府鑲黃、正黃、正白三旗，坐落順天、保定、河間、永平、天津、正定、宣化等府州縣、奉天、山海關、古北口、喜峯口亦令設立」（關外的開墾作者將於本文第五章討論）

至官莊的種類有糧莊、豆稭莊、半分莊、稻莊、菜園、果園，又有蜜戶、葦戶、棉靛戶等。至莊園組織：「初設立糧莊，於壯丁內選擇補放莊頭，給地一百卅晌，場院馬廐地四晌，莊頭並壯丁共定爲十名，給牛八隻，如有倒斃報明補給，量給房屋，籽種，口糧農器，免納糧石一年」(註三)。每所糧莊有莊頭及壯丁十名，地一三〇晌，每名壯丁平均種地七八畝。至康熙廿四年又奏准「每糧莊本身莊頭並壯丁共定爲十五名……給地三〇〇晌」(註四)，則每名壯丁平均種一百廿畝。莊園之歸併及擴大，壯丁平均種地畝增加，當然和順治年間農奴的逃亡有關。莊頭則是由壯丁內揀選出來的，壯丁就是奴隸的別名。這些莊頭壯丁，有的是自盛京隨從來京的，有的則是畿輔一帶的人，當房地圈占後投充旗下的（本文第三章卽討論這些問題）。

「豆稭莊設壯丁五名，選一人爲莊頭，給地六五晌，場園二晌，牛四頭……康熙廿六年奏准莊頭並壯丁共定爲七名，四五年奏准每莊定地一五〇晌」(註五)。每壯丁平均種地七八或一二八畝不等。「半分莊其莊頭並壯丁共定爲七名，給地一五〇晌」(註六)。每莊丁平均種地一二八畝强。「菜園設壯丁五名，選一人爲園頭，給種菜田十九晌，口糧田各五晌，牛二頭」(註七)。每壯丁平均種菜田二三畝弱。「瓜園設壯丁五名，選一人爲園頭，給種瓜田三〇晌，口糧田各五晌，牛四頭」(註八)。每壯丁平均種地三六畝。「果園設園頭一名，園內舊丁各給口糧地」(註九)。

至莊園之大小，國初定例：「諸王貝勒貝子公等大莊每所地四二〇畝至七二〇畝不等，半莊每所地二四〇畝至三六〇畝不等，園每所六〇畝至一二〇畝不等」(註一〇)。至康熙八年二月始按莊園之大小將莊頭編爲頭等二等三等四等(註一一)。每所糧莊每年每莊原納糧一百斤(每斤石合倉石三石六斗)，如以每糧莊一三〇晌(七八〇畝)計算，平均每晌納額糧二倉石强。至康熙五十年二月奏准，按莊頭等第納糧，每年頭等莊每名額納糧二五〇倉石，二等莊每名額納糧二二〇倉石，三等莊每名額納糧一九〇倉石，四等莊每名額納糧一二〇倉石(所納俱粗穀每石折米五斗)。頭等二等莊每年每名繳納官倉雜糧三三石一斗二斤(內芝麻二石一斗六升，蘇子三石六斗，麥子一六石二斗，菉豆一石九斗八升，黃豆一石四斗四升，黏穀一石八斗，穀一石四斗四升，高粱一石二斗六升，小豆五斗九升四合，蕎麥七斗二升，油麥一斗八升，黍子三斗六升，稗五斗四升，豇豆三升六合，燒酒一瓶半折糧八斗一升）。三等四等莊每年每名繳納官糧三倉雜糧二九石五斗二升（內芝麻二石一斗，蘇子一石八斗，麥子一四石四斗，菉豆一石九斗八升，黃豆一石四斗四升，黏穀一石八斗，穀一石四斗四升，高粱一石二斗六升，小豆五斗九升四合，蕎麥七斗二升，油麥一斗八升，黍子三斗六升，稗子五斗四升豇豆三斗六升，燒酒一瓶半，折糧八斗一升，俱准於額糧內抵除外，無論等第，每名（莊頭）額交雞蛋一六二二個）(註一二)。

莊頭除每年繳納額糧及雜糧外，並繳雞蛋一六二二個還要繳納猪口以為皇室或諸王等祭祖，祭神及日常之用：「凡關內頭二等莊頭額糧外，每名年繳祀神大猪二口，或常用猪四口，三、四等莊頭每年額交常用猪三口」(註一三)。

豆稭莊：「納糧額減糧莊之半……其繳廐豆稭酌量均派，每豆稭一六東抵糧一東斗（合倉斗一六八斤，豆每東重七斤）此外各繳常用猪二口，鵝五隻，雞鴨各二六隻，鵝蛋十八個，鴨蛋七二個，雞蛋四〇〇個，秫稭一二〇捆，燈油一五，不准抵除糧」(註一四)。

「半分莊納糧減糧莊之半……每名年額繳黑豆二五倉二斗，於額糧內抵除，穀草一千東，每東重七斤，秫稭一四〇捆（每捆重一五斤）」(註一五)。

豆糧莊俱照其地之多寡繳豆：「一名地一九四三晌六畝，每年額繳豆五二二倉石三斗六升，一名地一二二八晌五畝，每年額繳豆三二八倉石九斗三升二合，一名地一四五五晌一畝，每年額繳豆三八六倉石九斗六升四合。一名地一〇七七晌，四畝每年額繳豆三〇九倉五斗六升四合，一名地一四五五晌二畝，每年額繳豆三八六倉石九斗六升四合。一名地一〇七二晌一畝每年額繳豆二九〇倉石二斗三升二合」(註一六)。

除繳納雜糧外，每名莊頭每年須繳許多王府需用的雜物：「關內糧莊無論等第，每名每年額繳廣儲司紅花八兩（內管領掃箒二八把，笤箒三〇把，瓢十九塊，芥菜子二斗，蓼牙子一斤，再鷹鷂房所需翲花，爆作所用麻稭，造佛處所用麥麩，廣儲司所用麥稭，據各處來文數目均派口內各莊頭輪班繳納，其營造司等處所用稻草，亦據來文數目，均派稻糧莊頭繳納）」(註一七)。關內莊頭不論等第，每年每名額交秫稭二二三捆，繳納內管領所屬秫稭廠。

蜜戶計地二八九頃八三畝，每六畝繳蜜五斤(註一八)。

葦戶計地一四九頃八二畝……每年額徵蘆葦四萬觔(註一九)。

棉錠戶共地三四頃七二畝，每棉丁徵棉花五〇觔，靛丁徵水靛百觔，交廣儲司(註二〇)。

菜園果園，順治初年定每內管領下菜園頭二名，瓜園頭一名，輪班繳納菜蔬，瓜實，後立菜庫(註二一)。

除繳納額糧，雜糧，雜物外，莊頭還要爲主人（王室諸王，貝勒或八旗諸王貝勒）餵養馬匹的義務，主人出巡，莊頭要預備草豆沿途餵養主人的馬匹(註二二)。總之，莊頭就是諸王府的奴隸，舉凡主人需用之物，均由彼等籌辦。在法律上，莊頭是奴隸，在經濟上，莊頭壯丁又是主人的佃農，這是清初奴隸制的特色，與希臘羅馬的奴隸制度有所不同。莊頭每年繳納的額糧，雜糧，雜物當然由莊頭壯丁自己運送，主人於每年秋收後，派人至各莊園督催驗收。由各莊頭繳納給主人的實物來看（甚至雞蛋，雞鴨，鵝等最易購買的食物），可知清初近畿一帶市場之缺少，貨幣之不流通，交易之不盛行，地主們所過的生活，完全是「封建式」的自供自足的「莊園生活」。直至雍正元年始定額糧折銀之制度，這裏所涉及的問題太廣，與清初經濟發展有關，作者擬作另一專題討論。

附表六　八旗宗室給地表

年月	職別	地別	授田畝數	備註
順治二年	親王府總管	園地	四八畝	一、諸王貝勒貝子公等大莊每所地四二〇畝至七二〇畝不等，半莊每所地二四〇畝不等，園每所六〇畝至一二〇畝不等。 二、壯丁給地停支口糧。
	親王府管領	園地	三六畝	
	郡王以下府管領	園地	三〇畝	
	各執事人員(府)		皆給地有差	
	各官所屬壯丁	地	三六畝	
順治五年	親王	園	十所每所(一八〇畝)	

	郡王園	七所每所(一八〇畝)
順治六年	襲封王貝勒貝子公	
六年		
七年	公主園地	三六〇畝
	郡主園地	一八〇畝
	縣主、郡君、縣君園地	一五〇畝
	親王園地	八所每所一八〇畝
	郡王園地	五所每所一八〇畝
	貝勒園地	四所每所一八〇畝
	貝子園地	三所每所一八〇畝
	公園地	二所每所一八〇畝
	鎮國將軍園地	二四〇畝
	輔國將軍園地	一八〇畝

三、除撥應得之地外，襲祖先所遺園地，餘地不必撤出，仍留本家。

四、加封王貝勒子公等各照本爵撥給園地。

五、親王、郡王、貝勒、貝子公等所授園地，每所一八〇畝。

六、順治七年後凡初封王貝勒貝子公等，均照上列撥給。

附註

一、本表附註與附表三同。

附表七　八旗宗室莊田表

旗別	整莊	半莊	莊	整園	園	半園	果園菜園牧地	共地	備註
鑲黃	四所	一所			一所			三六·六〇 頃畝	
正黃	五所	四所			三所			一〇六·五六	
正白	四所		一所		二所			三六·〇〇	
正紅	一四五所	三所		五〇所	四所	一〇所		一,二四四·一六	
鑲白	一七五所	五所	八所	八所	二〇所		果地靛地、網戶獵之等地七八處	一,七一七·一四	
鑲紅	二九八所	二三所	五所	一一所				二,六三〇·〇一	
正藍	五四四所	一五一所	二二所	一〇三所	七三所	一九所	五處	五,三一三·三四	
鑲藍	二三一所	六三所	九所	一〇二所	三所	二所		二,二五五·七四	
總共	一四〇六所	二五〇所	四五所	三九三所	一〇六所	三一所		一三,三五九·二九	

附註：本表根據大淸會典事例一三五卷戶部田賦志而作，光緒年間所修畿輔通志亦載此事，道光年間修的戶部則例七卷田賦亦記八旗宗室莊田

附表八　上三旗宗室莊田表

旗別	大莊	半莊	園	共地	備註
鑲黃	一五九所	五九所	三二所	四三八六頃	
正黃	一四六所	四五所	二九所	四一二二	
正白	一五三所	五八所	三九所	四二七九	
總共	四五八所	一七二所	一〇〇所	一二七八八	

附註
一、本表係根據八旗通志六八卷而作。
二、表內之三旗在淸初稱上三旗其莊田屬內務府。

(註一)皇朝文獻通考卷五田賦五，八旗田制四八九六頁。
(註二)欽定總管內務府現行則例堂上卷一建制衙門添裁員役一頁。
(註三)皇朝文獻通考卷五田賦五：八旗田制。
(註四)欽定總管內務府現則行例會計司卷一安置糧莊。
(註五)皇朝文獻通考卷五田賦五八旗田制。
(註六)同上
(註七)同上
(註八)同上

(註九)　同上
(註一〇)　八旗通志。
(註一一)　欽定總管內務府現行則例會計司卷一。
(註一二)　同上會計司卷一糧莊納糧定額三頁。
(註一三)　同上六頁：繳納猪口。
(註一四)　同上九頁：豆秸莊納糧定額。
(註一五)　同上十頁：半分莊納糧定額。
(註一六)　同上十五頁。
(註一七)　同上：繳納雜項件。
(註一八)　八旗通志六八卷三頁。
(註一九)　同上
(註二〇)　同上
(註二一)　同上
(註二二)　欽定總管內務府現行則例會計司二〇頁。

(五) 圈撥之擾民

圈地所以擾民，所以爲淸初一大粃政，卽因圈占民地。劉餘謨順治九年敬陳開墾方略疏中：「夫屯田之法，與滿洲圈地無異，但圈有主之熟地則爲民害，而屯無主荒田，則於民不擾，而於國有益」(註一)。如滿洲入關後祇將故明勳戚皇莊及無主荒地賜給滿洲，則圈地之事卽不至擾民，惜乎滿洲人入主中原後，仍承襲着部落式的搶掠觀念，視中原爲彼等搶掠所獲的戰利品，予取予奪，任意爲之。第一次圈地後，爲使滿洲人自居一方，乃有兌換之制。第二、三次圈佔民地後，有所謂撥補之制，近畿騷然，人民失業，流離困苦。考圈給滿洲的旗地，完全爲豢養酬庸性質，賦役全免，雖停支口糧，但對國賦之收入，實是一大損失。且肥沃良田盡圈給旗下，所餘民地僅係圈殘，樂亭邑宰陳金駿姚家圈丈地碣云：「樂地濱河臨海，凡有沃壤盡圈於旗，其就墾而成賦者，祇此沙灘堿地而已」(註二)。寶坻縣志七卷一頁：「寶邑膏腴之地，明人入皇莊，今歸旗圈，民所耕者大都窪下瘠鹵耳」。定縣志三卷七頁：「……順治三年按畝撥兌還民，其堪種者，次年仍被圈，所遺多不堪耕種，民相率逃糧累里長」。樂亭縣志一二卷二頁：「樂邑……地居甸服，圈給居多，民可執爲世業者，不過十之二」。「有田而無賦則病國，有賦無田則病民，今使攫取官荒地得以爲田，是無賦也，如國法何？」(註三)。以國賦賴以維持的良田，豢養從龍入關勳戚功臣士兵，其本身就是一種錯誤，不僅使旗人喪失了謀生的能力，「不工，不農，不商」，專靠賑濟豢養以維生，並剝奪了近畿一帶人民賴以維生的產業，造成農民無田可耕的社會問題：「從古民窮財盡，盜賊竊發，此必然之理也」(註四)。順治四年諭戶部：「……今聞被圈之民，流離失所，煽惑訛言，相從爲盜，以致陷罪者多，深可憐憫」(註五)。魏裔介順治十六年三月條陳四事亦言：「直隸，順永保河等府之民，自圈地圈房之後，饑寒迫身，遂致起而爲盜」(註六)。當然順治年間畿輔一帶盜賊之昌熾不完全由於田地被圈的無業饑民，旗下家奴之依勢橫行，勾結庇護匪盜，從中漁利，也是盜賊不能根治的基本原因（這些問題於本文第三章討論）。兼濟堂文集十一卷五頁魏裔介再陳末議疏：

「人情樂生惡死，誰肯甘心爲盜，以蹈大辟之刑？乃近來法司審理刑名，其強盜死罪，多有順，永，保河等府之民，與莊頭爲奸者，勾連盜刼；良以圈房圈地之後，欲投往他處，則人不敢留，依依故土，則無衣無食，饑寒迫身，以致不得已爲盜，良可憫惻」。

圈地最多者爲距京師附近州縣，有的圈去十之八、九，有的甚至全被圈去（見附表十）。所剩者爲旗人所棄之零星瘠地(註七)。「地圈丁散，錢糧無徵」，國家賦役從何而出？餘留之人，因無田無家，除了傭作旗下苟延衣食外(註八)，只有負擔全州縣的徭役了(註九)。刁滑之徒乃投充旗下爲奴，依勢爲惡，甚而帶地投充，在旗人庇護之下以免繁重的賦役（此問題於順治年間的投充與帶土投充一文中詳述）。農民聞地要圈，相率拋荒不耕，王登聯陳民疾苦的奏章中曾言：「自圈地之信一傳，知舊業之難守，有米糧已糶出矣！無積者將轉徙矣！樹木折爲柴薪，雞犬咸已變易矣！婦子老幼，環泣馬前云」(註一〇)。巡撫朱昌祚亦云：「自本年秋收之後，一聞奉旨圈換盡數拋荒不耕，方員四、五百里，今冬二麥，全無插種，明年夏初安得有秋？且時已仲冬，雖各官現在分途丈量，約計行圈竣事，難以定期，明春冬作必定失時，則來年秋收，又難望矣……田地荒蕪，糧草盡絕，資生奚賴？豈無挺而走險者？萬一地方有事，此臣之責任有關，又安敢思忌越分建言」(註一一)。可知圈地之妨農時，影響農民之生計一般矣！且「田畝之撥給一日不休，則民間之賦稅一日不定，吏治之勞頓一日不息」(註一二)。

順治元年之圈地，爲使旗人居於一方，雖有兌換之制以補償房地被圈之民人，但「換地之民，離田園，別其墳墓，甫種新授之田，廬舍無依，籽糧未備」(註一三)，也是擾民。(註一三)順治三、四年之圈地有所謂撥補，但撥補多鹻薄屯地（見表十）（表五）(註一四)，甚或土地被圈而未補者；且撥補之民田，有遠在三、四百里之外者，乃向原籍納糧(註一五)，撥補本身就是累民之政。順治四年至康熙廿四年，其間雖屢停屢圈民間田地但圈民墾地，而旗人借端圈佔民田之事，仍時有所聞(註一六)。尤以康熙五年鑲黃正白二旗互換土地之事，不止民人受擾，旗人亦受其困(註二〇)，甚或「有不肖人員，借端擾害百姓，圈佔民人良田，以不堪地畝抵換，或地方豪强，隱佔存部良田，妄指民人地畝撥給」(註一七)。又圈撥土地，多於農隙時舉行，正值隆冬，遷移困難，且逃人法嚴，誰容住止？(註一八)總之，圈民間熟地也好，圈開墾的荒地也好，皆是以政治勢力作背景與民爭利的擾民活動。總督朱昌祚曾描述直隸州縣的百姓一聞圈地後之驚皇奔愬之狀，眞是一字一淚，令人不忍卒讀！武清縣志一〇卷三六頁朱昌祚奏稱：

「臣又見州縣百姓，自聞圈占夾空及開墾成熟民地，所在驚皇奔愬，自臣露處野外以來，每曰士民環門哀籲：有稱州縣熟地昔年圈去無遺，今之夾空地土，皆係圈剩荒蕪窪地，年來招墾成熟當差辦稅者；有稱關廂大路鎮店房屋所居人民，皆承應墊道搭橋擺渡修塘，以供皇陵運料車輛及一切公差雜役者；有稱新經被圈地之家，即令搬移別住，無從投奔者；有稱時値嚴冬，扶老携幼卽遠徙他鄉，又恐地方官疑以逃人，不容棲止者；有稱祖宗骸骨，父母丘塚不忍抛棄者；哀號乞免，一字一淚，臣雖一一慰諭，第閱其情訓，失業可憫，覩此景象，繪圖難形，此又百姓困於圈地之苦情」。

圈地之後雖有所謂「撥補」，但撥補更爲擾民，順治十六年袁懋德在請嚴逋抗以除民累疏中，對撥補之無補民困說得最明白：「我皇上因通州、香河、漷縣等各州縣圈佔之後，民不聊生，故查腹內如德州、興濟、靜海等處，關外如保安、延慶、永寧、懷來等處，凡裁革衞所及入官一應地土撥給，使失業之民，得有恆產，皇上生成浩蕩之恩，小民莫不舉首加額，祝頌無疆矣！但所撥之地，遠者七、八百里，近者亦三、四百里，彼處既無房屋以棲身，又無農具以資用，勢不得不仍歸舊佃，若舊佃平心公道，量地輸租，使撥補之民，得所資藉，以辦差徭之用，以供糊口之需，豈不交相得而兩無負乎？孰意近年以來，則有大不然者，查得撥補佃戶，非衞所之刁軍，卽原佃之悍輩也，性成習慣，事熟人頑，百計留難，仍其夙智；況有積棍衙蠹交結把持，將多作寡，指稔爲荒，刁措橫撓，誠難枚舉。且路隔數百里，往來之資斧維艱，或多方借貸以往，逐戶催求，沿門指鉢，奔波勞碌，計所得之錙銖，不足以供雍飧於朝夕矣！且聞有地主苦錢糧之無措，畏積欠之難償，流落他方，經年不得歸者；有貲糧已盡，饑饉焦勞，束手無策，客死於道路者；有欺其伶仃孤弱，而痛遭其毒打者；有與詞搆訟，告訴經年，而飄泊無歸者；種種苦情，鄭圖難繪！臣思普天率土，莫非王臣，撥補既無所屬，則撫恤自當一體，乃地主索討無策，奔走追求該管有司，不至十控而九銷，則必始准而終擱，求其照數以追，不使饑寒於吾土者，未聞其人也！或有哀控院道，批行查追，而承票之蠹，又欲四、六扣除，及厭其所欲，而此票又朦朧銷繳矣！嗟嗟！失業之民，何不幸而至此極矣」。(註一九)趙之符之陳剝船苦累疏亦言：「更有小民之本業已圈撥補於州縣，遠者千餘里，近亦七、八百里，往來征取地租，行旅已自告艱，乃尚有徵租不起，逐歲淹留異鄉，流離不可勝計，而州縣按各解船，訪無正戶，以至株累親族破產賠墊代爲應役，此不便於民者五也」(註二〇)。懷柔縣志四卷五頁：「懷邑被圈，士民失業，幸邀撥補兌補，得以少償；然所撥之地，距懷甚遠，懷民既不能赴地耕種，勢必召佃取租，以完本邑之賦；每年秋收之後，地主至彼收租，彼處奸佃輙揹欠不給，而本處糧銀又不得不完，徒有撥補之名，反受賠糧之累，士民不勝其苦。康熙廿八年巡撫于公成龍，洞鑒揹租賠糧之弊，始定代徵移解之法，受補者始得沾實惠焉」。原人民之財產被圈佔後，仍要負起田產之賦稅，所補之田又皆邊遠荒殘之地，所收之稅實不够完本邑之賦，長期擾民莫過於撥補。永清縣志永清文三頁：「更有小民之本業已圈，撥補於他州縣，遠者千餘里，近者七、八百里，往來徵取地租，行旅已自告艱，乃尚有徵租不起，逐年淹留異鄉，不可勝計」。就表面觀之，「民地被圈，乃以官地補償之，就地還地甚便也」，但民居此而地居彼，抗租逃稅之事膠葛不清，人民國家均蒙受損失。寶坻縣志五卷七頁：「既以民地圈撥，乃卽官地補償，就地還地甚便也。而前志乃以不若他州縣取償於隣境之高阜，致憾於偏枯，其亦未之思也！夫取償隣境者，以本境無復可補地耳！民居此而地居彼，是以抗租交控，膠葛不休」。格文清公事略：「二三年（康熙）疏言，順天、永平、保定、河間等府，民田圈作旗產者，向以別州縣之地撥換，仍聽彼處民人佃種，令業主收租供賦。遇佃租不償，則額賦無出，其佃地所屬州縣，因與錢糧考成無涉，不爲催租，致受撥之地，多有積逋，官民俱累。請自後令佃地所屬州縣，代爲征解（註二二）。故至雍正年間，乃有官徵官解之舉，雍正七年七月廿七日諭（見寶坻縣志七卷九頁）：

「聞直隸地方，有寄莊寄糧之弊，往往地寄此處，糧寄他處，相隔百餘里或數百里之遠，卽如宣化府懷安一縣有人地俱在懷安，而寄糧在宣化萬全者；有人地俱在宣化萬全，而寄糧於懷安者；更有在懷安納糧而寄地於順天府之寶坻、豐潤、三河，相隔五百餘里者；在征糧則鞭長莫及，而寄地者彼此無關，脫漏欺隱之弊，勢所不免，地方有司實難稽征催察」。

附表九　　旗地民地對照表

縣名	原圈旗地	實剩旗地	原額地畝	額內額外地畝	圈地與原額地之比例	備註
	頃 畝 分	頃 畝 分	頃 畝 分	頃 畝 分		
大興	九九三·八二·二	三五八·三三·七	一九,〇九二·八三·七 一,〇三三·四六·三	一,七九四·七四·一	五二%	三卷六頁
通州	四,二二三·七四·二	七三七·六三·三	六,四三九·七七· 五,七三一·七六·三	二,〇二六·五五·九	五五·九%	四卷八頁
三河	五,三一九·三三·八	二,〇五九·二一·一	六,三三七·七四·九	二,九五四·八五·六	八四·一%	五卷三頁
武清	二,三三二,〇〇·一	一,四三五·四一·七	二,六二五·九四·七	六,〇K〇·二四·九	八八·四%	
寶坻	四,四一七·三六·八	一,三八二·七 四〇	六,八九〇·六四·七	四,〇K〇·五四·九	六五·五%	五卷六頁
文安	一,七四六·八一·二	六五七·一四·六	三,七六六·六六·〇	三,五五八·一一·三	四六·二%	三卷二頁
大城	三一八·五五·一	一一三·一五·〇	八,三〇五·一三·六(小畝) 二,七六八·三七·二 一,七六七·五　·三(大畝)	二,三九七·四四·八	一一·五%	三卷二頁
良鄉	二,九一八·二四·二	一八〇·七三·〇	二,九一八·二四·二	一,八五三·二五·四	100%	三卷五頁
房山	七六四·一九·二	二一三·四四·〇	一,七六七·三七·二	五五八·六六·一	四三·二%	四卷九頁
順義	一,九一五·九五·一	八〇一·二·七	三,一八六·六四·三 二,四八六·八八·五	六四九·八二·九	七七%	六卷十頁
懷柔	七四五·三六·三	一七三·八二·九	一,三九二·二二·一	一六九·九　·四	五四·三%	四卷一頁
灤州	七,六八五·一九·一	三,〇一八·五六·九	八,七四九·六八·四	四,一六一·七四	八六·九%	一三卷一頁

遷安	一、一三一・三三・〇	三三九・二九・二	二、三一五・四一・二	三、〇九三・九一・五	四八・八%	一二卷二頁
樂亭	六、七五九・五八・四	一、二五七・二〇・八	八、〇四七・五四・八 八、〇九四・五九・八	二、四七六・四六・五	八四%	一二卷二頁
臨榆	(撥深州) 一、六七〇・六九	一〇三・九四	一、六七〇・六九	一、八九〇・八・一	100%	四卷五頁
清苑	三、五二八・二九・七	六、四七九・五八・五 一、二九二・七三・二	六、一三五・九三・三	二、九三五・二六・三	五七・五%	六卷四頁
定興	五、四一三・八二・九	一、三七二・九五・三	五、六二一・二五・八	一、八七三・九五・六	九六・三%	三卷八頁
唐縣	八〇三・八〇	一九一・七一・五	二、六五五・二八・五	一、九六〇・三三・九	三〇・六%	
容城	一、四八六・二一・五	一八〇・七八・七	二、六〇三・七一・八	七七三・一・三	五七・一%	四卷二頁
完縣	八九二・三八・四	五、五八五・八二・〇	三、一九八・七四・三 四、二二八・五七・二	二、一三三・七八・二	二七・九%	三卷卅六頁
蠡縣	三、二八八・三五・八	六三一・三四・五	六、三六六・六八・三	二、四七八・一七・八	五三%	同上
雄縣	(康八年末記) 三、〇五六・三七・三	二九二・九五・五	四、四〇五・七六・九	一、八〇四・八八・二	六九・三%	三卷一頁
河間	六、二〇〇	一六三・五七・三	一五、〇〇三・三〇・八	一三、三七〇・九三・五	四一・三%	二卷四十頁
獻縣	三、七六〇	五五・一四・八	九、二九〇・　八	一〇、三七九・二〇・四	四〇・四%	三卷六頁
任邱	七、八三六・八三・〇	五一七・五〇・九	八、七三〇・七三・〇 八、八七〇・九・六	六、六二四・七三・二	八九・二%	三卷三頁
交河	二、五六七・四一・七	五一一・八〇・三	四、二六三・五二	二、三一七・五・一	六〇・二%	二卷二頁
南皮	一、三一〇・八七・五	三一二・六七・七	五、九六四・八・三	四、六〇〇・一七・四	二一・八%	六卷九頁

豐潤	四、〇〇二・二三・一（小畝）	一、七七四・七四四	六、六一四・九九・三 三、八四二・五四・九	四、七一四・一一	六〇・五％	一卷四八頁
玉田	四、五八九・三七・三	一、五五二・八二・三	五、二一六・八八・六	四、七九一・九五・三	八七・九％	一三卷四頁
合計	九一、六六四・〇三・九	三三、六六〇・八一・八	一九〇、三七〇・九九・三	一〇一、三六二・八二・三	六一・七％	

附註

一、本表係根據光緒年間所修畿輔通志九五卷旗地及九四卷田賦而作，惟原圈旗地畝數抄自各縣方志。

二、雍正年間修的畿輔通志過於簡略，未記圈地事。

三、備註中所記，乃該縣志之卷數頁數。

四、本表所記廿九縣圈地數，平均佔原額地的六一・七％，即一半以上的良田均被圈去，但事實上並不止此數，因旗人私自强佔的田土均未列入。

五、旗人私自强佔的民田，包括圈地時佔領的，停止圈地後佔領的，及私自收民人投充的田土，這些田土總數雖無確實的記載，但爲數總在十萬頃以上（參本文二章、三章）。

附表十　圈地撥補簡表

年月	撥補州縣	圈地州縣	地別	頃畝	備註
	景縣	涿州	額外沙壓地（大地）	頃 畝 分 三〇・	三卷三頁
	景縣	涿州	原額沙草（小地）	三七三・六一・七	同上
	清苑	真定	上中下地		上地一、四三九・五二・四　中地四、八五・七　下地一、八八・五（六卷五頁）七・二

獻縣	涿州、定興、文安、保定	軍地	三、一八九·四七	三卷七頁
獻縣	涿州	軍地	五八·五·	同上
獻縣	定興	軍地	二、三一五·三三·七	同上
獻縣	文安	軍地	五一七·八六	同上
獻縣	保安	軍地	三五·	同上
獻縣	定興	額外地	二三四九·八八	同上
阜城縣	雄縣	鹻地	一九〇·四五	雄縣志三卷四頁
保定後衛	雄縣	屯地	六九四·四八	同上
保定中衛	完縣	屯地	五五·五三·四	完縣志行政第二下九頁
保定左衛	完縣	屯地	二九·一六·一	同上
正定衛	完縣	屯(上、中、下)地	一、一九三	同上
安肅	獲鹿	衛地	二、一〇三·	獲鹿縣志五卷九頁
任邱	順義		一〇〇·七六·三	順義縣志一卷八頁

附

一、本表係根據各方志而作。
二、因各方志未載圈地撥補之年代，故本表內有些圈地撥補之州縣和(五)表內圈地撥補之州縣可能重複。
三、備註中所記卷數頁數乃該縣志史料出處。

註

四、旗地不准買賣，撥補之地准買賣，各縣志所記買賣撥補地畝過於零星，故未列入。

五、本表旨在說明撥補之地均係軍屯地、荒地、鹻地等額外田土，圈撥之擾民，於此又得一證明。

(註一) 皇清奏議四卷十九頁劉餘謨順治九年敬陳開墾方略疏。

(註二) 樂亭縣志十二卷十頁。

(註三) 同上：十二卷上十二頁。

(註四) 任邱縣志十一卷四三頁李士焜題爲敬陳弭盜之方疏。

(註五) 世祖實錄三一卷十一頁順治四年三月。

(註六) 世祖實錄一二五卷十一頁順治十六年三月。

(註七) 武清縣志十卷四八頁知縣胡紹安痛陳剝船地戶苦情詳文。

(註八) 兼濟堂文集九卷四五頁：流民急宜拯救並請發賑疏。

(註九) 清初賦役分開至雍正二年始丁賦合一，有田地者除交賦外，還負徭役，無地貧民之負擔遂減輕。

(註一〇) 武清縣志十卷四〇頁。

(註一一) 武清縣志十卷三七頁。

(註一二) 大興縣志三卷十頁。

(註一三) 東華全錄四卷八頁順治二年二月。

(註一四) 參見第五表。

(註一五) 世祖實錄四一卷十二頁順治五年十一月「圈丈地土，分給滿州耕種，其被圈之家，或圈去未補，或原地錢糧未除，即與豁免，或新地較原地瘠薄不堪者，但俱照新地等則納糧」。

(註一六) 武清縣志十卷二二頁趙之符請還新圈地畝疏「……一經請旨，俄而此縣報圈地矣，俄而彼縣又報圈地矣，間與滿洲地界相連者，已經圈給矣！自春徂夏，圈撥靡已，比屋之婦子莫措，田間之雞犬靡寧，念小民辛勤播種二麥，將次成熟，一但取其土而驅其人，奪其口食……

(註一七) 聖祖實錄一一五卷一九頁康熙廿三年四月。

(註一八) 武清縣志十卷三六頁朱昌祚奏：「……有稱時值嚴冬，扶老携幼，即遠徙他鄉，又恐地方官疑以逃人，不容棲止者；有稱祖宗骸骨，父母丘塚，不忍拋棄者；哀號乞免，一字一淚，臣雖一一慰諭，第閱其情詞，失業可憫，睹此景象，繪圖難形，此百姓圈地之苦情」。

(註一九) 皇朝奏議十三卷十二頁。

(註二〇) 武清縣志十卷二五頁。

(註二一) 清朝先事略九卷三三頁：格文湻公事略。

第三章　旗地內的奴隸生產制

滿洲入主中原後，在近畿一帶圈佔田土以養旗人，在順治四年前共圈去田土一五三、八四八頃八畝餘（內包括八旗宗室莊田一三、三五九頃二九畝餘（如附表七），及八旗官兵地一四〇、一二八頃七一餘畝）（見附表四），若加內務府上三旗的官莊一二、七八八頃（見附表八），計共圈去田土一六六、六三六頃八畝餘（內務府官莊有漢人帶地投充的田土）。順治四年至康熙廿四年間所圈去的額外土地及民地，雖無明確的記載，但據粗略的估計當不下十萬頃（註一），還有旗人私自佔領的民田，及畿輔一帶漢人帶地投充的土地，當亦不下六、七萬頃（註二），則近京一帶屬於旗人的土地，當在卅五、六萬頃左右。平均四人種三頃土地（註三）則卅五、六萬頃土地，需四十二、三萬人耕種。考清初八旗士兵入關的人數，據皇朝文獻通考所載，爲一〇四、八五〇人（註四），加上跟隨入關的從征奴僕及家奴，總共當在卅萬以上（見拙作清初漢軍八旗的肇建），由滿洲人在關外搶掠人口的數目來看（見第一章入關前的旗地發展過程附表），則十萬八旗勁旅帶二、三十萬奴僕入關是可能的。又滿洲入關後仍承襲關外奴隸授田的規制，每壯丁給地卅畝以爲口糧（註五），以順治四年以前圈給八旗官兵的一四〇、一二八頃七一畝土地計算，官兵在內每三人授田一頃（註六），則八旗入關人數亦應在卅萬以上。觀滿洲入關後，盛京一帶之田土荒蕪，無人耕種，可知從龍入關的奴僕人數很多（順治年間招民開墾關外之事於第五章中討論）。八旗士兵究有多少奴隸，正史上雖無明確的記載，但由駐防兵丁無家奴者許買家人二人，官許買四人來看，畜奴是滿洲人普遍的現象(註七)。至於旗員出任地方長官所帶的家口奴僕更是驚人(註八)，不止滿洲人家有奴僕，卽漢軍八旗也畜有奴僕；彼等原出自奴籍，因戰功與忠忱，由被征服者的地位升爲征服者，現在也居然呼奴喚婢了，這實在是件有趣的事(註九)。

除八旗官兵的奴隸外，還有八旗宗室勳臣家的奴隸，一個親王畜奴幾百人也是普遍的事；不過這些奴隸與普通的奴隸不同，因長期跟隨主人得主人信任，他們之中有一部份入關後編入包衣護衞軍營。滿洲八旗宗室勳臣及士兵的奴隸，除家中役使，出征時爲跟隨外，主要的還是用來生產。奴隸可當財物一樣的買賣，故八旗士兵不止在關外搶掠人口，入關後在平定江南時亦有搶民爲奴的事，甚至康熙年間平回亂時，亦掠人爲奴。雖然滿清入關後自盛京帶來了許多奴隸，入關後又搶掠許多人爲奴(註一〇)，但仍不夠耕種的入關後圈佔的土地，故順治元年世祖詔諭准許近畿一帶的漢人投充旗下爲奴，耕種旗人的田土；其後刁滑之徒帶地投充旗下，藉旗人名色爲惡地方，造成順治年間擾民的第二粃政。

(註一)　圈地雖於順治四年詔諭停止，其後永不再圈民地，但爲安插東來將士，仍有圈地之舉，尤以康熙五年正白，鑲黃二旗換地時，各旗藉口原圈田土不堪耕種，乘機圈地的規模最大，其詳情已在第二章第三節敍述。

(註二) 見附表(十一)：七縣帶地投充的田土爲 八、一七九頃二畝三分，原帶地投充的田土，除以上七縣方志中記載較詳外，其他各州縣方志均未記載，由以上七縣帶地投充的田土數推算，則原圈五十六縣內帶地投充的田土，當在六、七萬左右。

(註三) 以內務府所屬莊園內的糧莊爲準，平均每壯丁耕地七八畝，則四人耕地三頃强，關於官莊內的構成，請參本文第二章四節，官莊與莊圈。

(註四) 皇朝文獻通考一七九卷兵制一卷六三九五頁。

(註五) 參附表(三)壯丁給地卅畝，初清奴隸授田的規制雖無明確的記載，但由菜園、瓜園、寮戶、蜜戶的壯丁均授口糧田一事來看，則知清初的奴隸也有口糧田；且奴隸授田的規制是承繼太祖時計口授田的規制而發展的。

(註六) 參附表(三)：壯丁給地卅畝，參領以下官給地六〇畝，故知官兵授田相差有限，一參領統壯丁三〇〇人，授田之數略爲十頃。

(註七) 八旗則例一二卷一二頁：「駐防兵丁，實在並無家人者，具呈該管官，查明確實，出具保結，許其買人，不得過二名。欽定八旗中樞政考一六卷廿七頁：「駐防各官，如果無家人使用，准呈明該管官，由該管官查明屬實，出俱保結該管大臣咨明地方官，查係民人情願賣給者，始准收買，仍不得過四名」。

(註八) 聖祖實錄一〇八卷一七頁，康熙四十一年五月：「山西道御史劉子章疏言：各省官員赴任者，攜帶奴婢多至數百人，衣食之費，皆取於所屬官民，爲累不少，請嚴加裁汰，制爲定數，應如所請：凡外任官員，所帶奴僕限五十人，藩臬限四十人，道府限卅人，同知，通判限廿人，州同，縣丞以下限十人，所帶奴婦，女婢，亦不得過此數。至旗員任邊疆之事，非漢官可比，旗下督撫家口，不得過五百名，其司道以下等官，視漢官所帶家口，准加一倍，如違例多帶，降一級調用。其見在各省官員，或多帶家口者，文到日，限三月內發回原籍，從之」。

(註九) 參拙作清初漢軍八旗的肇建。

(註一〇) 靳文襄公奏疏七卷卅二頁：「用兵地方，諸王將軍大臣，於攻城克敵之時，不思安民定難以立功，但志在肥己，多掠占小民子女，或借爲通賊，每將良民廬舍焚燬，子女俘獲，財物攘取，名雖救民於水火，實在陷民於水火之中也」。

（一）　投充與帶地投充

自順治元年至康熙廿四年，數次圈地後近京一帶諸州縣肥沃良田幾全被圈佔，所剩者爲旗下所棄的零星瘠地(註二)，撥補之地又皆邊遠荒殘之區(註三)。又因北方差徭不出於地而出於丁，貧不能遷徙他鄉之民，止有負擔繁重的徭役(註四)，爲了免役也只有投充旗下爲奴了，爲了利用這些無田無家貧民的勞動力，故入關之初，清廷准許漢人投充旗下爲奴，耕種宗室勳臣及八旗士兵的田地。因旗人不事生產，從龍入關的「奴僕」又不夠分種如許田土，故順治二年三月諭戶部（世祖實錄十五卷十頁）：

「近聞出征所獲人民，有祖父，父母及伯叔兄弟，親子，伯叔之子，並原配妻，未經改適，在籍者甚多，爾等如情願入滿洲家與兄弟同處，可赴部稟明；如實係同胞兄弟，即令同處，若係遠支兄弟，則勿令同處。又聞貧民無衣無食，饑寒切身者甚衆，如因不能資生，欲投滿洲家爲奴者，本部稟明該部；果係不能資生，即准投充。其各謀生理，力能自給者，不准。爾小民，如以遠支兄弟爲近支，本可自給，而詐稱無計資生及既投入滿洲，後復稱與已無預，雖告不准。至各省人民，有既經犯罪欲圖倖免，自於該部，情願投充，該部不知有罪，輒令投充，嗣後得實，仍坐罪不宥。此等投充旗下人民，有逃走者，逃人及窩逃之人，兩鄰、十家長、百家長、俱照逃人定例治罪」。

從表面上看，這篇詔諭是體恤出征所獲人民父子兄弟離散之苦，救濟無衣無食貧民的德政，實際上是誘民爲奴耕種旗人之田土。睿王所收「投充」人數已足，又指稱伊子多爾博莊內人數不足，濫令投充六八〇餘名，且盡皆帶有房地富厚之家(註五)。「各旗下耕種滿洲田地之莊頭奴僕，也因莊內人數不足，逼脅良民投充旗下爲奴，耕種莊內田土」(註六)。投充原爲無衣無食之貧民開一條生路，漸變爲逼良爲奴的別名。順治四年二月諭戶部（世祖實錄一五卷一六頁）：

「前許民人投旗，原非逼勒爲奴，念其困苦饑寒，多致失所，至有盜竊爲亂，故聽其投旗資生。近聞或被滿洲恐嚇逼投者有之；或誤聽屠民訛言，畏懼投充者有之；今欲平定天下，何故屠民？且將及一載，虛實已見，有何驚疑？此後有實不能聊生，願投者聽，不願投者，毋得逼勒」。

逼良爲奴之事雖明令禁止，但在征服者眼中，仍等於具文，這是可以臆想得到的。滿洲人收投充人數似有定額(註七)，究竟一個親王郡王或滿士兵可收多少投充？在清初諸史料中雖無明文的記載，但收投人數與其賜給的田土成比例，是可斷言的。亦即田土多奴隸少時可多收投充的人，但事實上不按規定濫收投充者頗多。這當然和滿洲人入主中原以後，除由朝廷賜田土以外，還私自强佔民田有關。另一造成滿洲親貴濫收投充的，則爲滿洲人入主中原以後，對我國的風土人情不太瞭解，需要當地漢人與彼等合作，作屯積居奇，抬高物價，占據市行，與民爭利的違法勾當（註八），復以奸民從中謀利，混水摸魚，使近京成爲盜賊淵藪（註九）。這些投充的家奴，因有勢要的支持，故不守法度，藐視命吏。順治八年諭戶部（世祖實五三卷廿頁）：

「國家首重體統，尊卑原有定分，近聞滿洲撥什庫，及莊頭，投充人等，不守法度，罔顧尊卑，騎馬直入府州縣衙門，與州縣官並坐，藐視命吏，任意橫行，目中旣無官府，何況小民？其欺凌魚肉，不問可知？深可痛恨，爾部卽出示嚴行禁止」。

因在旗人庇護之下，可以免役，可以免賦，復可藉旗人勢力，橫行鄉里，欺壓良民，於是刁頑游手好閒之徒，紛紛投入旗下，甚至帶他人土地投旗下的。懷柔縣四卷二頁：「按懷邑地畝，自旗圈之後，所餘民地無幾，奸黠者又將民地投入旗下，名曰帶地投充；其始不過借旗名色，希免徭徭，其地仍係本人爲業，厥後所投之主，竟爲已產，或將其地另賣，或收其家口另派莊頭，向之田連阡陌者，今無立錐，雖悔憾無及矣」。雄縣志三卷二頁：「姚志紀投充云：從古無投充之名，投充者民人自擇旗而往投者，本身地無幾，遂有帶投之名；帶投者，將他人之地，無論同姓異姓，其地盡附於巳以獻主，多多益善，於是以旗移部，令其於本地方除丁糧之籍，賦稅不歸於公家矣」！魏象樞的寒松堂集一卷四一頁：「臺臣疏云：有將未投田地開入已收名下，及强帶他人開除錢糧，躲避差徭等弊」。順治九年五月福建道御史婁應奎疏言（世祖實錄六五卷七頁）：

「投充之路，原以收養無依之民，不意此端既開，而姦滑蜂起，將合族之田，皆開除正項，躲避差徭，是投充之無益國家者。有將他姓的土地，認爲己業，帶投旗下者。一人投充，而一家人皆冒爲旗下，府縣無冊可查，眞假莫辨，是投充之有害於民也」。順治十二年都察院左都御史屠賴等奏（世祖實錄八八卷一四頁）：「愛民莫先除害，近聞八旗投充之人，自帶本身田產外，又任意私添，或指鄰近之地，據爲己業，或連他人產，隱避差徭，被占之民，既難控訴，國課亦爲虧減，上下交困，莫此爲甚！宜敕戶部，將投充之人，照原投部檔查核給地外，其多佔地畝，即退還原主，庶民累稍甦，而賦租亦增矣」。順治元年所設立的官莊，即有一部分係近畿附近百姓帶地投充而設立的(註一〇)。「順治十八年奏准，將帶地投充新丁分爲三旗，共計一、三七〇丁，現今實在一、二二七丁，每丁有地自三〇畝至四頃不等，共地一、七七二頃二四畝」(註一一)。其他如鹽丁，鐵匠、弓箭匠等各種工匠、商人，蜜戶、葦戶、網戶、鷹戶、炭戶等投充後仍執原業。這種帶地投充的人，即世代爲旗人的奴僕，雖可開戶，但不准爲民(註一二)。順治五年覆准投充之人，即係奴僕，可隨主人任意買賣(註一一)。這種帶地投充的田地究竟有多少？在近畿各州縣的方志中，對帶地投充田土之記載殘缺不全，作者只有從大城，樂亭、雄縣、房山、豐潤、武淸、懷柔等七縣縣志中所載帶地投充的田土數推知(見附表十一)，則順治年間帶地投充旗下的田畝，在六、七萬頃左右(註一三)。由順治九年淸苑縣民王儀等佔奪三百餘房地投充旗下一案來看(註一四)，六、七萬頃田畝是不多的。雄縣志三卷二頁對投充等人借旗下名色，稱雄鄉曲，漁肉良民之事，記載最爲眞實：「本一游手惰農耳，忽鮮衣怒馬，稱雄鄉曲，愚民之始附帶投者，希其隱避徭役，近且朘削無厭，往往蔽主匿租，而附近村莊尤苦蠶食，每遇圈佔，輒又代民隱蔽，滿部曹亦無可如何？乃事竣持柄，以舌聲受陷死者比比！良由例與舊旅一际，有司不得治，以三尺探丸鳴鏑，縱橫萑蒲；虎翼既多，兎窟復廣，卽林校駐蹕處，咫尺亦不憚，雖設有重典，而黠者從發亦多不得死；且不披甲入伍，又不爲主用，父子兄弟處父母邦，視親戚如秦越，目中無非弱肉，終日求所爲歡之術，大約如佛書所云墮落云。至有持身自玉者，亦頗以敗羣爲恨，良吏多方駕馭，使不得肆志以逞，亦已多矣。後於聖諭，永行禁止，俾康衢始有堯民，嗣投充贖身者頗多。仍皆歛村民資財，迨地出而覇爲已有，身出而仍冒稱旗丁，其天性蓋已殊也」。順治三年二月（聖祖實錄二五卷廿頁）：「江南道監察御史蘇京奏言：投充名色不一，率皆無賴游手好閒之人，身亦入旗，奪人之田，攘人之嫁，其被攘奪者，憤不甘心，亦投旗下，爭訟無已，刁風滋甚！請敕部嚴禁濫投」。錢登之的田間文集七卷三頁保甲議亦言：「凡投身勢家爲奴僕者，類皆不軌之徒，挂名藏身，陰行不法，盜賊竊發皆此輩爲之。囊槖保甲長，悉不敢問，倘先清此輩，根誅以窮，亦弭盜之第一務」。因投充之人，借旗下名色，橫行鄉里，惹事生非，故順治四年三月諭令永行停止（世祖實錄卅一卷二〇頁）：

「諭戶部，前令漢人投充旗下者，誠恐貧窮人民，失其生理，困於饑寒，流為盜賊，故諭願投充滿洲，以資餬口者聽。近聞漢人，不論貧富，相率投充，甚至投充滿洲之後，橫行鄉里，抗拒官府，大非軫恤窮民之初意，自今以後，投充一事，著永行停止，爾部卽行傳諭」。

投入旗人戶下為奴者，有的確為饑寒迫身，孫宗彝在其愛日堂文集八卷五頁對南直隸高郵之民投充旗下曾有沉痛的記述：「生離死別，異體同酸，背景違鄉，千家一哭，誰無父祖，因饑寒為異姓之奴；各有家室，使妻子作他人之妾，斯人間之極慘，數命遭逢，抑夙世之不仁，寬愆積致，設身處地，觸目驚心！嗟我秦郵隙地，有限人民，遘茲洪水滔天，幾多歲月，一派汪洋，竟難覓鳩形鵠面，千岐奔竄，那復顧劍樹刀山，投旗者動盈百口，何異絕流而漁！赴北者日颺千帆，不啻轉士而去」。投充旗下的人，有的則是無籍棍徒，借旗人名色為護身之符，以為害地方橫行鄉里，王秉乾於順治十二年奏（明清史料甲編四卷三五七頁）：「一曰，清投充，投充一項，公之於朝廷則有利，私之於諸王大臣則有害；大凡有身有家甘於為人奴僕，非無籍棍徒，卽有罪人犯，借旗下名色為護身之符：諸如把持行戶，霸佔田產，挾制官長，甚至重利放債，折算人口，以致破家喪身者。更有哄誘滿洲（公然做賊窩盜等事），羣聚為奸，以致被害百姓，不敢申告，有司不得申理，種種慘害，不忍枚舉！且在京各城詞訟，多係此輩刁難，臣見今巡城知之最真。臣愚以為，凡八旗投充之人，盡行查出，俾精壯者派至各旗披甲，則朝廷多其兵矣！老弱者發回有司當差，則朝廷多其民矣！强根固本居重制輕之道，無踰於此，此投充一欵也(萬萬當清)亟須釐剔者也」。「旗下有民人投充，及賣身之人，入旗之後，多以從前舊事，赴部院衙門告理，並倚勢旗下，代親屬告奸者，提解人犯牽連平民」(註一五)。「民間鬻身爲厮養者，多藉口投充營伍，挾制家長，勒索身契，及妻子財物，又有桀黠之徒，乘戎馬往來之際，發人塚墓，或利之所在，或挾私仇，其情罪尤屬可惡」(註一六)。清朝先正事略九卷卅三頁，格文清公事略：「康熙廿二年，疏言自鬻投旗人，或有作奸犯科，冀逃法網者；或有游手好閒，規避差徭者，本主聽其仍居本籍，放債謀利，則諱旗而稱民；遇長官訪聞，窩逃搆訟等事，又舍民而稱旗；甚或招搖鄉里，魚肉小民，地方吏不敢問」。因投充之人，生事害民，故順治八年七月諭戶部(世祖實錄五八卷二頁)。

「數年以來，投充漢人，生事害民，民不能堪，甚至有爲盜，窩盜者。朕聞之，不勝痛恨，帝王以天下爲家，豈有厚視投充，薄待編氓之理？況供我賦役者，民也，國家元氣賴之。投充者，奴隸也，今反借主爲護身之符，藐視有司，顚倒是非，弁髦國法、欺壓小民，若不大加懲治，成何法紀？自今以後，上自朕之包衣牛彔，下至親王，郡王貝勒，貝子，公侯伯諸臣等，若有投充之人，仍前生事害民者，本主及該管牛彔，果係知情，問連坐之罪，除本犯正法外，妻孥家產，盡行入官；若本主不知情，投充之人，罪不至死者，本犯及妻孥，不必斷出。以前有司責治投充之人，曾有革職問罪者，以致投充之人亦加橫肆，今後各該地方官如遇投充之人犯罪，與屬民一體，從公究治。爾部刋刻告示，嚴行曉諭，務使天下咸知」。

戶部左侍郎王永吉於順治九年十一月疏言投充流弊，大害有五：㈠而意外之隱憂不與焉，投充噬人翼虎，以致告奸紛爭，司農司寇之堂，鬨然如市，甚至鳴冤厥下，捐生禁中，褻朝廷而紊職掌，一也。惡棍坐享豐腴，良民反遭凍餒，平墳伐樹，拋家棄產，失畿輔百姓之心，二也。旗下多一投充，則皇上少一土地民人，減戶口而虧賦稅，三也。諸王大臣，賜賚不妨從厚，若濫收投充，有並尊耦國之嫌，四也。旗下厮養，縱橫亂法，督撫不敢問，有司不敢詰，廢國家之成憲，五也。至於投充，皆兇頑亡命之徒，根株蔓引，線索潛通，萬一巨奸大憝，竄入其間，窺探旣久，恐生肘腋之患，又不止怙勢爲非而已（世祖實錄七〇卷一九頁）。對投充之起源及其流弊，說得最清楚的，則爲劉餘祐順治九年的請革投充疏：「竊思投充名色，從古所無，蓋朝廷臨蒞天下，一民莫非王臣，尺土莫非王土，安得有不屬朝廷之民，不屬朝廷之地，而可罔上行私，爲他人分據之物哉？此事起於墨爾根本王，許各旗收投貧民爲役使之用。嗣後有身家有土地者，一概投充，遂有積奸無賴，或恐圈地，寧以地投，或本無地，暗以他人之地投，甚且帶投之地有限，而恃强霸佔之弊，百端出矣！借旗爲害，横行害人，所投之主，原不盡知，但聽投充之口，庇護容縱以致卸狀，鼓狀，通狀，紛爭無已，獄訟繁興！且投充之後，自命滿洲同爲一旗之人，併不敢問所行何事？而地方有司，明知民冤，併不敢伸，朝廷之一法，是投充旗下，卽爲法度，不能加之人矣！朝廷設官，以治百姓，反不如旗下之私人，是投充之人重於命官，朝廷亦何利於此輩？而養奸貽禍，使一統之時，無劃一之政令耶？天下總此人民，地方總此地土，去一人，則朝少一徭役，帶一土地則朝廷少一賦稅；況藉勢武斷，民怨日叢，告訐日繁，而護庇者，更滋不平之恨。若通發投充之人，總發於各州縣，則朝廷之民，無已投未投之二視，卽積奸亦無所恃以凌厲良民，豈不蕩蕩平平之象哉？至於土地，除奉旨圈給旗下者，照一定地界，勒石爲限，不許奸民妄爭外；其係投充人帶投土地，一概清還版籍，果係己地，仍許本身領種；倘有帶佔地土，許各有司查審明白，各還原主納糧當差。其所辦納之糧，卽爲披甲等項歲賚之用，如此則恩惠出於朝廷，而旗下亦且同盡遵王之義，職守歸於有司，而天下始無法之人，訟簡刑輕、民安物阜，斯久安長治之術也」(註一七)。

投充之人俱入戶部檔冊，世世代代爲旗人奴僕，喪失「自由權」，典賣悉由主人之意(註一八)。當然也可贖身或由家主情願放出准其開戶爲民的(註一九)(奴隸之逐漸解放，以乾隆朝爲重要分水嶺，本文四章再詳論)。投充旗下在順治四年禁止，故戶部所存檔案內以順治四年以前最爲詳盡，亦卽在順治四年投充者，爲戶部所認可的奴隸、其後私自投充者，則是違法的奴隸，戶部冊檔無其奴籍，私自帶投的土地，查出後入官。這些問題，因史料之殘缺，只有從雍正年間任直隸巡撫李紱的覆審旗人王九格等疏中窺見(註二〇)。

（註一）、欒亭縣志一二卷二頁：「若欒邑……且地居甸服，圈給居多，民可執爲世業者，不過十之二，然旗莊賴民以耕，民亦因以糊口，交相籍也」。

武淸縣志十卷四八頁：「知縣胡紹安痛陳剝船地戶苦情詳文：更有苦者，武邑民地旗圈已去八、九，止存一、二分爲旗所棄零瘠地畝」。參見第二章附表九。

（註二）參見第二章圈地與撥補。

（註三）秉淸堂文集九卷四五頁：「蓋直隸北四府，當圈佔之餘，民已無田無家，不過傭作旗下，苟延衣食」。

（註四）懷柔縣志四卷七頁：「丁地正賦之外，有雜泛差徭，此天下之通例也。但各處徭從地起，地一定而有常，北方徭從丁起，丁則有開除優免詭避之不一，夫北方差徭之不出於地者，以圈佔之區民地無幾，故出於丁耳」！

（註五）(1)世祖實錄五九卷一二頁順治八年八月諭戶部：「漢民投充旗下，原令窮民藉以養生，因恐多投，以致冒濫，是以定有定數，乃睿王所收人數已足，又指稱伊子多爾博名下，亦應投充，遂濫收至八百名之多，且有借勢投充，遂人田地者，甚屬不合」。

(2)世祖實錄五九卷二八頁順治八年八月諭戶部：睿王指稱伊子多爾博名下，多投充人役，朕前已傳諭爾部，俱令査還各州縣。今又聞其指稱莊內人數不足濫令投充至六八〇餘名，夫莊內人數不足，亦止可收貧乏無業者，用以力農，乃所收盡皆帶有房地，富厚之家，殊屬不合。

（註六）世祖實錄一五卷二九頁順治二年四月：「……莊頭及奴僕人等，將各州縣莊邨之人，逼勒投充，不願者，即以言語恐嚇，威勢迫脅，各色工匠，盡行擄索，務令投充，以致民心不靖，訛言繁興，惟思逃竄，此甚非安撫民人之至意也」。

（註七）世祖實錄一二九卷一四頁順治十六年十月：「……簡王所襲係父王爵，著多羅康郡主仍襲親王，其舊有奴僕莊園牲畜諸物，不必入官、仍留與之，其分睿王家人牲畜財物，俱籍入官，投充漢人，著照多羅貝勒應得之數給與，餘其釋爲民」。並參照註六(1)(2)。

（註八）(1)世祖實錄六卷一一頁順治元年七月：「諭諸王及官人民等曰：凡我黎民，無論新舊，同屬朝廷赤子，近聞有將歸順民人，給與滿字背帖，徭充役使，或發給資本，令其貿易，同於家人，或擅發告示，占踞市行，與民爭利，虧損國稅，亂政壞法，莫此為甚。除已往姑不追究外，自今傳諭之後，宜亟改正，若仍怙勢不悛，定置重典，決不輕宥，其新附軍民，力能自贍者，宜各安本業，不准投充勢要，甘為奴僕」。

(2)世祖實錄三三卷二〇頁順治四年五月，諭戶部：「興販私鹽，屢經禁約，近聞各處姦民，指稱投充滿洲，率領旗下兵丁，車載驢馱，公然開店發賣，以致官鹽壅滯，殊可痛恨。爾部即出示嚴禁，有仍前私販者，被獲鞭八十，其鹽觔銀錢，牲口車輛等物入官，巡緝員役，縱容不行緝拏者，事發一體治罪」。

(3)聖祖實錄九二卷一九頁康熙十九年九月，上諭大學士等曰：「各旗差遣家人，或往外省索債，或令隨官赴任，或以情面干求外官者甚多，借端營利，小民最為苦累，此皆不察之故，今若不加察究，則各旗不遣家僕出外者，能有幾人？此等累民之事，應行禁止」。

由以上三條觀之，可知入關後的旗人，私遣家奴出外經商，從中謀事的事很多，官商勾結，屯積居奇，抬高物價，使近畿憂然，民無寧日。

（註九）　參見本文第四節：士寇與家奴。

（註一〇）　清朝文獻通考五卷田賦五：八旗田制。

（註一一）　八旗通志六八卷七頁。

（註一二）　八旗則例三卷三頁：「凡從盛京帶來奴僕，並帶地投充奴僕，及擄掠人等，准其開戶，不准為民；印契所買奴僕內，有從盛京帶來，及帶地投充人等，亦止准其開戶，不准為民」。

（註一三）　見本節附表（十）所記七縣投充田十八、一七九頃二畝二分。

（註一四）　世祖實錄七〇卷一四頁順治九年十月：「諭戶部，清苑縣民路斯行等，控告房地，被王儀等佔奪投充，朕命九卿大臣會審：據稱路斯行等三百餘人房地，戶部撥給王儀等，未曾補還，原非王儀等帶投，屢次擬奏，以故屢次刑責。朕念王儀等八莊三百人，皆係朕民，衆民既不得房地，又復屢受刑責，因將戶部尚書車克等，及原任知縣周瑋，分別處分。今將王儀等所領八莊房地，退還受責之三百餘人，仍全免九年地畝，以示朕愛養小民之意。此外各地方，凡係戶部圈給地土，不得妄援此例，瀆告取罪」。

（註一五）聖祖實錄三〇卷十頁康熙八年六月。

（註一六）聖祖實錄七九卷二三頁康熙十八年正月。

（註一七）皇清奏議五卷三頁。

（註一八）戶部則例十卷九頁：「帶地投充莊頭，其人丁地畝，典賣悉由本主自便」。

（註一九）欽定八旗中樞政考一六卷八頁：「凡奴僕效力過三輩後，家主情願放出，具呈該旗咨報戶部查明。册檔有伊祖父姓名籍貫者，准其放出爲民。旗下家人設法贖身，或是自備身價，或親戚代爲贖身，均歸原主佐領下，作爲開戶。如賣出後，又向買主交價贖身者，歸買主佐領下，作爲開戶。若買主係旗下人，仍歸原主佐領下，作爲開戶」。（八旗則例三卷五頁）

（註二〇）李穆堂詩文全集三九卷下十一頁，覆審旗人王九格等疏：「該臣看得旗人王九格等告玉田縣監生陸燦，生員陸煥係伊家投充莊頭陸發秀曾孫，並陸燦等呈辯，並非投充，實屬旗棍訛詐一案。臣親加覆訊，據王九格等供，陸燦即陸倉兒，陸煥陸庫兒，其曾祖陸發秀帶地五〇頃投充伊祖王道正，王四賢有康熙廿二年淸圈册爲據，陸燦之父祖及陸燦等向來每年交租銀一八〇兩，交租即係當差等語。又據陸燦等供稱，伊遠房族曾祖陸發秀原有水荒田畝，欲藉旗免圈，因與王九格之祖共種明分，每歲分給租銀，後發秀乏嗣，於康熙卅二年將伊祖陸俊德承繼代管還租，現有玉田縣爭繼卷案爲憑。又有已業熟地四〇頃八〇畝零，原在民籍納糧，有丁地紅簿一一二本送部可稽，祖父及伊兄弟，俱係民籍生監，並未投入旗下等語。兩造各執一詞，似難懸定，但查人民投充以部檔爲憑，所斷是非以定例爲主。臣查會典開載，順治三年題准，次年爲始，漢人投充旗下概行禁止，今訊據王九格等並不知陸秀發係何年投充，經戶部查明，順治元年至八年止，投充大檔內，其三、四年紙張齊備者，並無王道正，王四賢，及投充人陸秀發名字。其餘無面頁年分者，亦無伊等姓名，是陸發秀即使投充是實，亦在順治四年永行禁止之後，在王道正，王四賢爲違禁私收投充，在陸發秀爲違私行投充，均干嚴例……將燦等斷歸民籍。再查會典內開康熙二年覆准凡投充人父兄伯叔住種滿洲房地，子弟姪看守故土，墳塋者，或子弟姪看守滿洲房地，父兄伯叔看守故土墳塋者，行地方官查明其輸糧在先紅册載明者，即斷爲民。如投充後輸糧者，仍斷爲滿洲等語……亦應將陸燦陸煥欽違定例斷歸民籍。其投充地五〇頃，既係違禁私收，應令變價入官，其陸燦等在民籍納糧之地四〇頃八〇畝，原係陸發秀所遺，亦應一併變價入官」。

（註二二）　大清會典事例一三二卷十六頁：「順治五年覆准，投充之人，即係奴僕，願賣者聽」。

附表十一　帶地投充表

年月	縣名	帶地投充者	受投者	地別	頃畝	備註
順治五年	大城	湯必達	英王		頃畝分 一·五五·八	三卷二頁
順治七年	大城	張仲彩	鑲黃旗		六一·九	三卷二頁
順治七年	大城	魏明斗	正白旗		一·三一·八	三卷二頁
順治十一年	大城	張來翼	鑲黃旗		七四	三卷二頁
順治三年	樂亭	劉汝桐	鑲白旗		一一七·六四	一二卷三頁
順治四年	樂亭	張可祖等	鑲白旗		八五〇·四四·三	一二卷三頁
順治六年	樂亭	賈應正	正白旗		六·四〇	一二卷三頁
順治七年	樂亭	李恩秋	正黃旗		四八·五四	一二卷三頁
順治十二年起十五年止	雄縣	可秀等帶本身族人，外姓等地			六一八·三九·一	三卷二頁
順治三年起康熙六年止	雄縣				九三七·三一·六	六卷四頁
順治四年	房山	高從善	正黃旗		二〇五·七五·三	四卷九頁

順治三年	房山	龔見陽	正白旗	民地	二·三三	四卷九頁
順治七年	房山	曹文實	正黃旗	民地	三·二七	四卷十頁
順治七年	戶山	陳進忠	鑲黃旗	民地	五〇	四卷十頁
順治三、四、六、七、八年	豐潤			民地	一九〇一·七三三	一卷四七頁
順治三、四、六、七、八年	豐潤				六四六·八七·五	一卷四七頁
順治年間	武清				四五三·三九·七	二卷一頁
順治四年至七年止	懷柔			民地	六二·八七·六	四卷三頁
共	地	八一七九、〇二、二				
附註	一、本表根據各縣方志而作。 二、表內之空白係原縣志之未載者。 三、備註之數字乃該縣志之卷數頁數。 四、投充後復退出的地畝本表未列入。 五、本表所列七縣帶地投充地為八一七九頃三畝一分則原圈五十六縣帶地投充地，常在六、七萬頃左右。					

（二）逃人與奴隸

順治年間最為擾民的措施，除雉髮，服飾外，則為投充，逃人與圈地。其實後三個問題，就是一個問題，投充與逃人皆因圈地而起。入關之初雖有圈地之舉，但因旗人不事生產，所佔之田土，仍委之漢人耕種；而耕種旗人田土者，有的是從盛京帶來的奴隸（入關前搶掠的人口，見本文第一章：入關前旗地發展過程），有的則係近畿一帶的民人因房地被圈佔後而投充旗下爲奴者，有的則係入關後八旗士兵所擄掠而來的，還有則係犯罪爲奴的（順康年間的罪人，多流徙關外給窮苦士兵爲奴，其流徙罪人於關外的時代背景與入關後八旗圈地之關係擬於本文第五章敍述），當然也有的奴隸從買賣而來的（然順治年間從買賣而來的奴隸極少）。本文旨在對清初旗地內的奴隸生產制詳加討論，至奴隸的來源除涉及有關旗地內的奴隸生產制外，不擬多作敍述。清初八旗宗室莊田及屬於內務府上三旗莊園內，每莊按其大小種類設莊頭一人，壯丁九人，六人，或五人耕種（見第二章第四節：官莊與莊園）。在官莊與莊園內耕種的奴隸，據粗疏的估計，當在三萬人以上；他如八旗官兵的田土，亦令奴隸耕種，則滿州奴隸的人數當在卅萬以上（註一），可說滿州人，全靠奴隸生產，來維持生計。因史料的缺少，只有從順治年間懲治窩逃反比懲罰逃人嚴厲一事，對滿洲人靠奴隸資生，作一概略的說明（對旗人不事生產一事，於下章旗地的典賣一文中討論）。

據大清會典事刑部六五七卷一頁的記載，旗下家奴或另戶人等逃亡（所謂另戶卽准其開戶不准爲民的旗奴）：「順治九年議准，逃至二次者處死。十一年題准，凡逃一次者鞭一百，二次者處死，又題准，凡逃三次者正法。十三年題准，凡逃一次面上刺滿漢文逃人字樣，鞭一百，二次者仍正法。十七年題准，逃人初次逃者，左面刺字，鞭一百，二次逃者，右面刺字，鞭一百，三次逃者，正法。十八年定逃人犯至三、四次者，雖遇赦卽處絞，不必俟秋後」。對窩逃者的處罰則更嚴，順治三年七月諭兵部：「先定逃人自歸尋主者，將窩逃之人正法，其九家及甲長鞭一百，流徙，該管官俱行治罪。今定逃人自歸者，窩逃之人，及兩隣流徙，甲長並七家之人，各鞭五十，該管官及鄉約，俱免罪，其餘照以前定例」(註二)。據大淸會典六五卷六頁的記載：「窩逃及隣佑人等，分別治罪。順治五年題准，窩家正法，妻子家產籍沒給主，仍出一分給出首之人，隣佑十家長等各責四十板，流徙邊遠。順治九年諭：凡隱匿逃人者，止令本犯家產給主，其分家之父子兄弟等不得株連。又議准，凡窩逃責四十板，同妻子一併流徙，兩隣各責四十板，十家長各責二十板。順治十年，凡窩逃之人，並家產給與逃人之主，房地入官，兩隣十家長，各責四十板。十一年准凡窩家，不准斷給爲奴，並家屬人口充發盛京，父子兄弟分家者免罪，房地仍給戶部，兩隣十家長，不行出首，各責四十板，兩隣各罰銀五兩，十家長各罰銀十兩，該管罰銀二十兩，給逃人之主，以一分與出首之人。又題准，凡窩隱逃人者，本犯正法，家產房地入官，兩隣各責四十板，流徙。十家長責四十板，所罰銀入官。十四年題准，窩犯免死，責四十板，面上刺滿漢逃走字，家產人口一併給八旗窮兵，地方官仍不行拏獲，窩家兩隣仍不行出首，或被逃人之主控告行提，或被旁人出首捕獲者，仍照從前處分治罪，如不知情之窩家免議」。逃人還有一次，二次，三次，四次的逃亡機會才死罪，但窩逃之人被察出就是死罪，且不能赦免(註三)。考之大清例律刑律盜賊律，一個盜賊要盜四十兩銀子才與第一次逃人所受的處罰相等，除流徒等外無死罪(註四)。可知清初對窩逃者的處罰比逃人嚴，對逃人的處罰又比盜賊嚴，甚至以查解逃人之多寡爲地方官陞遷調補升降的標準(註五)。順治九年五月：「定隱匿查解逃人功罪例……該管州縣官，每逃一名，罰俸一月，二名罰俸兩月，至十二名罰俸一年，至十三名降一級調用。州縣官有查解逃人十二名者，記錄一次，廿四名者，記錄二次，卅六名者，俟應轉之日，加陞一級。知府則以所屬州縣論，如轄十州縣內，有獲解逃人至一百廿名者，記錄一次，二百四名記錄兩次，三百六十名者，俟應轉之日，加陞一級，督，撫按及各道等官，俟考察之日，查所屬地方，報解隱匿多寡，併議功罪。武官營伍中，有逃人潛身冒名，充兵食糧者，不行查出，該隊長，責四十板，百總，卅五板，把總卅板，外衛千總廿五板，其衛千總，並守備，都司，游擊降罰記錄加陞，照州縣官例。該副將參將，計所屬營伍多寡，照知府例。提督，總兵官及掌印都司，照督、撫、按各道例。如船戶隱匿逃人者，罪坐隱匿之人，與民間一例。如途遇逃人，有能拏獲一名者，賞銀二兩，凡隱匿之人，能自舉首者，俱與免議」(註六)。地方文武官，無論有無逃人，每年兩次造冊報部，其虛報者，除革職外，仍罰銀一百兩(註七)。

清初對逃人及窩逃者懲罰的嚴厲，實出於常理之外。按大清律例中並無逃人及窩逃律（雖卅五卷有捕亡律，然僅係對犯人逃亡而制定的）。可知清初對逃人及窩逃者懲罰之嚴厲，完全出於滿洲大臣的私意，以令（詔諭）代法，禍國殃民，莫此爲甚！爲逃人法嚴，上奏章的趙開心，魏琯，李裀均因此而獲罪。考之淸初對窩逃及逃人懲罰之嚴厲，實因「滿洲藉家僕生產，若立法不嚴，必致盡行逃走，不得已嚴定窩逃之法」（註八）。「向來血戰所得人口，以供種地牧馬諸役，乃逃亡日衆，十不獲一，究厥所由，姦民窩逃，是以立法不得不嚴」（註九）。「然法不嚴則窩者無忌，逃者愈多，驅使何人？養生何賴？滿洲獨不苦乎？」（註一〇）。「今爾等（指漢人）欲使滿洲家人，盡皆逃亡，使滿洲失其所業，可乎」？（註一一）由此更可知滿洲人全靠奴僕生產來維持生計的，奴僕逃亡過多，無異絕滿人生路；爲了滿洲士兵生計着想，不得不嚴刑峻法來懲治窩逃及逃人。順治年間滿洲家人逃亡多少？正史上雖無確實的記載，從順治三年諭戶部：「只幾數月之間，逃人已數萬來看」（註一二），可知滿洲從盛京帶來的家奴爲數很多！但逃亡的也不少！「各旗所報逃人，幾無虛日，而獲者甚少」（註一三）。更由順治年間拏解逃人擾徧天下一事來看，可知奴隸逃亡之多，與旗人靠奴僕資生（註三二），順治六年三月又諭戶部（世祖實錄四二卷九頁）：

「向來申嚴隱匿逃人之法，原以滿洲官兵，身經百戰，或因父戰歿，而以所俘賞給其子者；或有因兄戰歿，而以所俘賞給其弟者；或因親身捨死戰獲者，今俱逃盡，滿洲官兵，紛紛控奏，其言亦自有理，故先令有隱匿逃人者斬，其鄰佑及十家長，百家長，不行舉首，地方官不能覺察者，俱爲連坐」。

魏琯順治十一年罷籍沒定窩逃疏說得最爲公正平允：「竊思籍沒非良法也，嘗按律例籍沒止以處叛逆，而强盜已不預焉！獨窩逃罪例竟籍沒，行之數年而未改，豈窩逃之罪，遂重於强盜乎！？卽窩盜之律知情分贓者，與盜同罪而止，其不知情與知情而不分贓者，仍輕重有等。乃初犯再犯之逃人，罪鞭一百，而窩主則行籍沒，何逃者反輕而窩者反重乎？非法之平也！抑以初時，見逃人之多，故法不得不嚴耳！今且十一年於茲，其民之死於法，死於牽連者，幾數千百家，而究治愈力，逃者愈多，其故何也？蓋今日之逃者與初時異，初時人自盛京而來，誰無父母妻子之思？而爲之家者，見骨肉乍歸，誰無天性難割之情？且法度未明，冒昧容隱，逃者爲眞逃，窩者爲眞窩，卽至犯法籍沒，彼亦心服而無怨也！今則不然，自投充之門開，而所逃皆不東人；自放假之事行，而逃者不盡私往；甚有逃人乘機害本主，通同以居奇，變態多端，難以悉數，是逃者未必眞逃，窩者未必皆窩也！夫亦思率土之民，莫非朝廷之赤子？今日籍一家，則閭閻少一家，明日沒一人，則版圖少一人，又復再三，或一人而株連數家，因而捨貧擇富；或一事而擾動通邑，致民間重足以呑聲，問官蒿目而辣手！初之不便於民者，漸且不便於國。臣故謂籍沒非良法也，孔子曰，聽訟吾猶人也，必也使無訟乎？令欲訟獄衰息，莫如除籍沒之法；欲除籍沒之法，須先定逃窩之罪，前臣部覆左侍郎衞周胤疏內，其第三次窩家，議責四十板，罰銀廿兩入官，如無銀本身入官，奉有諭旨。夫逃人則有再三，窩家何分比此？豈皇上不忍第三次窩家，獨忍初次，再次乎？則一視同仁，諒亦聖心所軫念也！伏乞勅下，罷籍目之罪，定逃窩之法，務期平允，刋入條例，使臣部知所遵守，後世可爲法規，其關於國本民生匪細故矣」（註一四）。在世祖實錄八四卷三頁中順治十一年督捕右侍郎魏琯奏章說得更爲沉痛，魏琯之獲罪必係此一奏章：「窩逃之人審實，例應羈候，提到家口，一同發遣，今暑疫盛行，絡繹病亡，屍骸暴露！臣思窩主之罪，原不至死，但既給監斃，其妻子係寡婦孤兒，道路誰爲看視？即到盛京誰與贍養？恐死於饑餓者，不知其幾也！祈皇上格外開恩，凡窩主已故者，家口免於流徙，田宅免其報部，則恩及骨肉矣」！得旨：「滿洲家人，係先朝將士血戰所得，故窩逃之禁甚嚴，近年屢次寬減，罪止流徙，且逃人多至數萬，所獲不及什一，督捕衙門屢經具奏，魏琯明知，何故奏言？著徙寧古塔。劉餘佑順治九年的劃一法守疏，也爲窩主請命：「隱匿逃人，窩主減死流徙關外，已荷不殺之恩矣！但有問明應流之人，必須提取妻子盤費，不得不行監候，又有妻子已到，而戶部以人數零星，必積至多起，始押發一次，其病死獄府者，時時有之！今應敕戶部，凡經審明者，陸續押發，亦可半徽生全也。即隱匿之家，亦有至情可憐者，如父母之於其子，與子之與其父母，生離重逢，天性難割，與常人有心隱匿者不同，應查果係親子親女者，伏乞聖恩，量與分別懲責無知，其常人隱匿及非親者，仍照例發遣」（註一五）。順治十一年九月巡撫宜永貴疏稱：「滿洲逃人甚多，捕獲甚少，而漢官議隱匿逃人之罪，必欲減輕一等」。對這些大臣之疏奏，世祖不但不認爲彼等忠心謀國愛民、反認爲漢官偏護漢人，沽名釣譽，自私行便，蔑視滿人生計！順治十一年九月諭諸漢臣曰：「朕荷蒙天眷，撫有鴻業，無分滿漢，概加恩遇，於漢人尤所體恤，乃爾等每與滿洲牴牾，不克和衷，是何意也？當明末北人南人，各有黨與，至傾國祚，朕儻有偏念，自當庇護滿洲，今愛養爾等，過於滿洲，是朕一體相視，而爾等蓄有二心，朕以故舊相過而爾等猜如新識，朕以同德相期，而爾等懷異念矣……爾等之意，欲使滿洲家人，盡皆逃亡，使滿洲失其所可乎？嗣後各改心異慮，爲國爲君，忠心效力，以圖報効……若更持二志，行私自便，爾等事發，決不爾貸」(註一六)。順治十二年三月的詔諭，最爲歪曲事理(世祖實錄九〇卷四頁)：

「朕承皇天眷命，統一寰區，滿漢人民，皆朕赤子，豈忍使之偏有苦樂？近見諸臣條奏，於逃人一事，各執偏見，未悉朕心，但知漢人之累，不知滿人之苦。在昔太祖太宗時，滿洲將士，征戰勤勞，多所俘獲；兼之士沃歲稔，日日充饒。茲數年來，疊遭饑饉，又用武遐方，征調四出，月餉甚薄，困苦多端。向來血戰所得人口，以供種地牧馬之用，乃逃亡日衆，十不獲一，究厥所由，姦民窩隱、是以立法不得不嚴；若謂苦嚴，則漢人苦，然法不嚴則窩者無忌，逃者愈多，驅使何人？養生何賴？滿洲獨不苦乎？歷代帝王，大率專治漢人，朕兼治滿漢，必使各得其所，家給人足，方愜朕懷。往時寇陷燕京，漢官漢民，何等楚毒！自我朝統將士，入關翦除大害，底於敉平，即今邊隅遺孽，殘虐百姓，亦藉滿洲將士，驅馳掃蕩；

滿人旣救漢人之難，漢人當體滿人之心。乃大臣不宣上意，致小臣不知，小臣不體上心，致百姓不知，及奉諭條奏兵民疾苦，反借端瀆陳，外博愛民之名，中爲無國之實，若使法不嚴而人不逃，豈不甚便？爾等又無此策？將任其逃而莫之禁乎？朕雖涼德，難幾沾恩，以副皇天降鑒，祖宗委託」。

從這詔諭看來，漢人應爲滿洲人的奴隸，滿洲人該「不農，不工，不商」，坐享其成，靠漢人來奉養。基於此一觀念，則對逃人及窩逃懲罰之嚴厲也是應該的，爲窩逃及逃人法嚴辯護的大臣無外「博愛民之名，中實無國之實」，其獲罪更是「罪有應得」了?!

清廷對窩逃者處罰之嚴酷，一般百姓對迫於饑寒流徙他方的流民，不敢收留，甚至連一飯一湯也不敢施捨，地方官也不敢安插。李裀的安插流移疏中，對流民之苦及安插流民之法，說得最爲衷懇：「竊思天災流行，民不堪命，棄家就食，勢所必然！皇上蠲賑之仁，窮簷徧沐，而終不能止其流徙者，饑民衆多，非趁食他方，無以轉死爲生耳！近以窩逃法嚴，使地方官不敢容留，使鳩形鵠面之人，傍徨道途，間欲往不得，欲還不能，相率而就死地之苦……臣愚以爲安插與窩逃法之寬嚴，故有可並行不悖者。夫所謂逃人者，不過三，五成羣，潛於親戚之家，及避遠之境耳！若携妻子荷鋤寵驅牛驢而行，如平度州木城關一案者，乃偶有之事；卽間有携婦女逃者，粧束可改，其婦女之耳輪，不可掩也。似宜於流民之法稍爲變通，令地方官嚴查牌甲，詳造册籍，土著爲一册，流寓者爲一册，細察其姓名口數，原籍某州縣，某里社人，責令投具互結，將册報部；倘中有夾帶，事發之日，罪坐互結者，地方官與土著免議。其被發地方，令開造逃亡姓名，或有異同，非逃卽流，自可按册拘提查理，是流民安插雖寬，逃人稽察愈嚴也」（註一七）。「臣聞道路之口，流民萃集各境上者，縣官牌催不許入境，土著之家無敢輕爲居停，扶老携幼，相對號泣，甚至有投水自盡者，聞之可爲痛心……況在秋月，但苦啼饑，値茲冬時，更迫號寒，塡死溝壑。少一老幼，卽少一朝廷赤子，而走險多一壯健，卽多一地方盜賊，然則此流離之民，不獨可憫，亦可慮也」（註一八）。魏裔介在其詳陳救荒之政疏：「暫准保結以安流寓，古者凶荒之歲，移民就食於豐稔地方，而今逃人之法甚嚴，民之移向他方者，謂他人父亦莫之顧，何者？恐留之而有逃人隱匿之罪也」（註一九）。「向來大家富戶，因懼隱匿逃人之禍，凡流民所到地方，概行驅逐，不敢收留，視其死而不救，恐與人飯一盂，湯一盌，便不能自保身家」（註二〇）。地方官也恐牽連逃人事獲罪，對流民安插不敢實在舉行。孫宗彝在其遵前條奏疏中：「畿南流民屢經各該督撫，題請奉旨憐憫安插，但以逃人一節，恐終有牽制，不能實在舉行。臣愚以爲，若因逃人事大，不盡料理，恐逃者愈遠，繼以死亡；不如令地方官，凡有流民，卽撥荒地，用正項官糧，給與牛種，照典屯事宜，雖閑雜逃人，貪戀飽煖，不肯外向，久之自淸」（註二一）。順治十二年三月戶部侍郞趙開心「以饑民流離可憫，請寬逃人之禁，以靖擾累，以救民命……聞近畿流人載道，地方有司懼逃人法嚴，不敢容留，勢必聽其流徙，若將逃人解督捕衙門，暫寬其隱匿之罪，以免株連，則有司樂於緝逃，卽流民亦樂於舉發，而逃人無不獲矣」！世祖訓飭趙開心「不知實心爲國，輒沽譽市恩，殊失大臣之誼，著降五級調用」(註二二)。

因對窩逃者處罰之嚴厲：窩逃者正法，家產藉沒，其家人流徙關外給八旗窮兵爲奴，告發之人可分得財產，逃人自首囘後如指認窩逃之家，窩逃者亦受懲罰。在此高壓人人自危的氣氛中，使人變得冷酷無情，對饑寒迫身的流民，甚至連一飯一湯不敢施捨；復以無稽棍徒，冒充逃人乘機詐害(註二三)，或告殷實之家爲窩主，圖財設局、以害無辜(註二四)，或挾仇誣害(註二五)，或牽引妄扳(註二六)，地方官爲了「邀功」，甚至將良民揑稱逃人拏解(註二七)。「官拏重犯，因誑稱逃人，不敢加刑，遷延漏網；或解役與逃人結黨，沿途搶掠，肆行無忌；或地方官，唆令逃人指扳富室，巧行嚇詐，此等株連蔓引，冤及無辜，饑死道途，瘦死監獄」(註二八)，使近畿騷然，百姓蕩家廢產，喪其樂土心。順治十五年五月諭兵部督捕衙門曰（世祖實錄聖訓六卷二頁）：

「逃人事宜、屢有諭旨，念滿漢人民，皆朕赤子，故請會議，諒請申法，哀諸平允；而年來逃人犯法者未止，小民因而被牽連告害者多。近聞有姦徒，假冒逃人詐害百姓，或借名告假還家，結連姦惡，將殷實之家指爲窩主；或原非逃人冒稱嚇詐，羣黨指稱，轉騙不已；或有呈告督捕，卽買主冒認指名作眞者；或有聲言赴告地方官處稟拏嚇騙良民者；或告假探親，肆行指詐，及領本貿易，假夥攀害，種種詐僞甚多，深爲可惡。今有逃人本主即報明本固山額眞等，將逃人之主，及逃人姓名，具印結報，如逃後日久方報，既獲逃人，仍稱係伊家人者，此人不許給主，即令入官。直省地方有旗下告假私出妄爲，及冒稱旗下，羣姦橫行者，著該督撫，嚴行訪拏，解部査明，併本主從重治罪」。

順康年間旗人家奴的逃亡，其原因相當複雜，但主要的原因，還是受不了滿人的壓制。對旗下家奴的生活情形，雖無直接的史料說明，但見順康年間旗下家奴的「自縊投水」之事來看(註二九)，可知奴僕所過的完全爲非人的生活。「以奴婢與物同論，不以人類視之，生殺悉憑主命」(註三〇)，「滿洲往往輕斃其家人」(註三一)，奴僕殉葬之事，也是慘無人道的(註三二)。康熙十二年八月(聖祖實錄四三卷七頁)：「河南道御史黃敬璣疏言：旗下奴僕自盡者甚多，請敕官民，量加體恤，或設法勸戒……上曰：人命關係重大，旗下奴僕，若撫恤得所，豈肯輕生？嗣後各加撫養，勿得逼責致死」。世祖順治十三年六月諭八旗各牛彔(世祖實錄一〇二卷六頁)：

朕念滿洲官兵人等，攻戰勤勞，佐成大業，其家中役使之人，皆獲自艱辛，加以收養，誼無可去；乃十餘年間，或戀親戚，或被誘引，背逃甚衆，隱匿茲多，故特立嚴法以懲：窩逃正犯，照例擬絞，家產盡行籍沒，鄰佑流徙，有司以上各官，分別處分。以一人之逃匿，而株連數家，以無知之奴僕，而累及職官，立法如此嚴者，皆念爾等數十年之勞苦，萬不得已而設，非朕本懷也！爾等亦當思家人爲何輕去？必非無因，果能平時周其衣食，節其勞苦，無任情困辱，無非刑拷打，彼且感恩效力，豈有思逃之理？爾容彼之身，彼自能體爾之心，若專恃嚴法禁止，全不體恤，逃者仍衆，何益之有？朕爲萬國之主，念茲犯法者諸人，孰非天生烝民？孰非朝廷赤子？儻刑日繁，戶口日減，爾心亦何能自安」？

順治初年的逃人，則更有其特殊的時代背景，卽由盛京從龍入關的奴隸，多係滿洲在關外搶掠的漢人（見第一章：入關前的旗地發展過程），也有的是入關後搶掠爲奴的，因對鄉土的懷念，彼等乃紛紛逃亡，也有投充旗下爲奴而後逃亡的，誠如魏琯所言：「初時自盛京而來，誰無父母妻子之思？而爲之家者，見骨肉乍歸，誰無天性難割之情？且法度未明，冒昧容隱，逃者爲眞逃，窩者爲眞窩」，故對盛京從龍入關的奴隸，准許給假回家探親。順治八年三月諭戶部（世祖實錄五五卷一八頁）：

「滿洲出征陣獲人口，各有至親骨肉，今旣天下一統，誰無相見之思？向因禁止不許歸家探望，以致情迫勢極，不能自已，往往私自逃歸；旣去之後，又恐法必不容，多有不敢歸者。不查，則滿洲苦戰所獲人口，豈可任其逃去？一經查出，收留者，又不得不坐以隱匿之罪，朕心大爲不忍，爾部傳諭各旗，陣獲人口，如有願探望親戚者，聽本主給限前往」。

這些歸家探親的旗奴，有的乘「假期」之便，詐害鄉里，橫行地方。誠如魏琯所言：「自投充之門開，而所逃者，皆不東人；自放假之事行，而逃者不盡私往……是逃者未必眞逃，而窩者未必眞窩也」。

(註一)　見第二章四節：「官莊與莊園，初定糧莊每莊給地一八〇晌(七二〇畝)，設莊頭及莊丁十人，平均每人耕種七二畝，八旗宗室莊田及內務府莊田共地二六一四七頃二九畝，平均四人耕三畝田土，則二六一四七頃田土，需三萬六千人耕種。

(註二)　世祖實錄二七卷七頁。

(註三)　世祖實錄五九卷二一頁順治八年：「官兵民人等有犯除謀反叛逆……十惡等眞正死罪不赦，又隱匿滿洲逃人，照例治罪，其餘自順治八年八月廿日昧爽以前，已發覺，未發覺，已結正，未結正，咸赦免之」。

(註四)　大清律例通考二四卷一頁，刑律盜賊中：「凡竊盜已行，而不得財笞五十免刺，但得財（不論分贓不分贓）以一主爲重，倂贓論罪。爲從者各(指上得財不得則言)減一等，以一主爲重，謂如盜得二家財物，從一家贓多者科罪，倂贓論。謂如十人，共盜得一家財物，計贓四十輛，雖各分得四兩，通算作一處，其十人各得四十兩之罪。造意者爲首該杖一百，餘爲從各減一等，止杖九十，餘準此。……一兩以下杖六十……四十兩杖一百……（僅按此條係仍原律增删定），查原律竊盜百廿兩，罪止杖一百，流徙三千里」。

(註五)　世祖實錄一〇二卷三頁順治十三年六月：「更定督捕事例三欵：旗下人逃走者，各旗俱用信，投遞逃檔。各督撫所屬官有因逃人革職一員至四員者，巡撫罰俸九個月，至五員降一級留任，革職一員至九員者，總督罰俸九個月，至十員降一級留任，其督撫降至三級應調用者，均免其調用。巡撫查解逃人五十名者，記錄一次，一百名者，功過相抵，復一級，二百名者，復二級。總督查解逃人，一百名者記錄一次，二百名者，復一級，四百名者，復二級，照此數多解者，俱過功相抵。巡按所屬官，有革職一員至四員者，巡按罰俸九個月，至五員降一級留任，其降三級者調用，查解逃人五十名，記錄一次，一百名加一級」。

(2)　順治十五年五月世祖實錄一一七卷一二頁：「州縣官查解逃人至十五名者，加一級，卅名不論俸滿卽陞，知府卅名，加一級，六十名不論俸滿即陞，不屬府屬之州，照知府例。道官四十五名，加一級，九十名，不論俸滿即陞，巡撫七十名，記錄一次，一百五十人加一級，三百名者，加二級。總督一百五十名者，記錄一次，三百名者，加一級，六百名者，加二級，解多者，照數例加，仍准功過相抵。其鹽運司運使照道員，分司照知府，鹽場官照典史例，內外錢局中，布政照道員，主事照知府，同知照知縣例。窰場中該管官照知府例，其捕盜同知通判，州吏目，縣典史等官，俱照各掌印官例。州縣解逃十五名後，地方窩逃一人者，功過不准相抵，仍革職。其知府以上，總督以下等官，罰俸降級，俱照先例，巡按所屬，解逃七五名者，記錄一次，一百五十名者，加一級，至營伍等官，功過俱照文官例」。

(3) 世祖實錄一二一卷五頁順治十五年十月：「更定巡撫巡按所屬地方，查解逃人一百五十名者，加一級，一百五十名以上，三百名以下，亦止加一級，至三百名者，加二級，如多解者，照數遞加，其司道已陞京堂，應加一級者，記錄一次，應不論俸滿即陞者，記錄四次」。

(註六) 世祖實錄六五卷八頁。

(註七) 同上：一一七卷一四頁。

(註八) 聖祖實錄一四卷二頁康熙四年正月，諭戶部督府衙門。

(註九) 世祖實錄九〇卷四頁：順治十二年三月諭兵部。

(註一〇) 同上。

(註一一) 同上：八六卷一頁。

(註一二) 同上：二六卷四頁順治三年五月。

(註一三) 兼濟堂文集九卷十頁：查解宜責州縣疏。

(註一四) 皇淸奏議七卷一三頁。

(註一五) 皇淸奏議五卷二頁。

(註一六) 世祖實錄八六卷一頁。

（註一七）皇清奏議八卷十二頁。
（註一八）同上：六卷一頁。
（註一九）魏文毅公奏疏：詳陳救荒之政疏。
（註二〇）寒松堂文集二卷四四頁。
（註二一）愛日堂文集一卷七頁。
（註二二）世祖實錄九〇卷三頁。
（註二三）世祖實錄一一六卷一一卷，順治十五年四月。
（註二四）同上：八五卷二二頁順治十一年七月。
（註二五）同上：一一七卷一三頁。
（註二六）聖祖實錄一三卷二二頁。
（註二七）聖祖實錄二二卷十八、十九頁康熙六年六月。
（註二八）同上：一四卷二頁。
（註二九）同上：三〇卷十一頁及一〇九卷十一頁：「康熙八年六月諭刑部，近聞官民家人，自縊投水身死報部者甚多，此皆本主不知愛養，或逼責過甚，難以存活，故致身死，非有迫切之情，豈肯自盡」？康熙二十二年四月：「諭大學士等，大凡貪生惡死，人之常情，朕見旗下僕婢，往往輕生，投河自縊，必因家主責治過嚴，難以度日，情極勢迫使然」。
（註三〇）寄移文存一卷十五頁：「禁革買賣人口變通舊例議」。
（註三一）有懷堂集八卷一五頁。
（註三二）聖祖實錄四二卷十七頁康熙十二年四月命禁止八旗包衣佐領下奴僕隨主殉葬。
（註三三）世祖實錄一二九卷一七頁：「陝西、湖廣、四川、江南、江西、福建、廣東、廣西、雲南、貴州、所獲逃人，著令遞解，批文限定日期，如經過地方，遴差不愼，鈕鎖不嚴，以致脫逃，查參革職，違限者該衙門察參」。

（三）土寇與旗奴

順、康年間，畿輔附近盜賊特多，究其直隸盜賊多於他省的原因，除畿輔房地被圈佔後，民已無田無家，爲生活所迫，只有挺而走險，陷爲盜賊外；另一造成畿輔盜賊昌熾，不可收拾的原因，則因近畿旗民雜處，旗下家奴憑其特殊的身份與勢力，參與盜賊的行列，乘戰後社會秩序紊亂之時，作打家刼舍的勾當。這些旗人家奴，有的是從盛京帶來，有的則是畿輔附近刁滑之徒，投充旗下爲奴者，他們依仗征服者滿人的勢力，橫行鄉里，魚肉良民，使畿輔成爲盜賊的淵藪。當然順、康年間，山東河南因水旱之災，饑民流入畿輔，淪爲盜賊的也很多，此非本文範圍故從略。今就現有的史料，分析畿輔盜賊昌熾的原因。

「直省盜案與他省逈然不同，直屬圈殘之區，民無恆產，往往流習非爲，而又旗民雜處，乘馬挾兵，呼羣引類，無可稽查。紛紛申報失事，幾無虛日，故監司廳印等官，求其與盜案脫然無累，得與陞轉之例者，十不能三、四」(註一)。順治年間土寇的嚴重可由向玉軒的順治元年請汰冗員疏中看出：「近聞土寇尙横，道途多梗，如固安易州等處，猶有土賊，定州一州斬獲至六千人，功則奇矣」(註二)。「甚至帝畿行刼，亦幾閱月，甚至迫近皇城，後門被刼，未見設法嚴捕，養寇如此，何異養癰？帝城如此，又何況在外者」？(註三)「……而直隸八府强賊公行，白晝刼掠，殆無

虛日，涓涓不塞，將成江河」！(註四)

金之俊順治元年謹呈勦撫實著疏對土寇之由來說得最爲眞切：「竊照寇名爲土，皆土著之民也。乘流寇煽亂之餘，一切地方，無官無法，恃强雄長，勾連嘯聚，焚刼淫殺，禍與流賊等。其實皆有姓名可指，有住址可指，有親族鄰里可訪；或一村之內而良奸居半，或一姓之中，而貞慝懸殊；或一人之身而始邪終正，前後兩截，欲單主勦，則安民反以害民，玉石俱焚之可傷。欲概行撫，則革面未必革心，養虎遺患之可慮」(皇淸奏議一卷五頁)。魏裔介在其行保甲以嚴防範疏中，對畿輔土寇提出防範之策，並特別指出滿洲莊屯爲盜賊淵藪：「臣聞古今弭盜安民之方，無如力行保甲之法。然近日止通行漢民村莊，而滿洲莊屯，則格格不行矣。於法固非劃一，且畿內房地，既經圈佔，民多賃居滿屯房屋，傭工賞值，遂爲保甲所不能識察之人。此中藏奸影射，引誘旗下之人，濟惡爲盜，挾矢張弓，成羣馳驟，出入無忌，何所不至，是以畿甸近地，失事極多。向使滿洲莊屯，防範週密，漢民保甲，設誠力行，何至有此公行盜賊耶！……卽滿洲莊屯旗下人被漢民引誘爲盜，以死於西市者，何日而止？臣日同刑部大臣，大理寺核擬强盜諸案，每案之中，多至十餘人，每日之中，多至二、三十起，既贓眞證確，欲生之則無由也。……惟有仰乞天語嚴加申飭：……轉行各該地方道府州縣衞所文武各官，及滿洲屯莊旗下人等，將雜居滿屯漢民，家家編排保甲，不拘與旗下人夥居散居，務要十家湊成一牌，旗下人另爲一牌，若不足十家者，

四、五家亦可立爲一牌。其漢人責成地方保長，旗下則責成莊頭及撥什庫等，務要朝夕約束，互相譏察，不許無故挾帶弓箭，騎馬出屯，若有公事上京，或往某處何幹何事？須向莊頭撥什庫說明，起身仍計其往來路程，依期歸屯……其近京三百里內，各村屯出入雜路，盡行打牆堵塞，只留應行道路，安設柵欄，晝啓夜閉，以撥什庫等掌之。彼其白晝欲作賊，則畏服官兵，夜欲作賊，則柵欄嚴閉，不得飛越」（皇清奏議三卷一八頁）。誠如魏裔介所言：「古今弭盜之方，無如力行保甲」，但畿輔之盜賊，却有特殊的時代背景，非力行保甲所能弭清？此皆因畿輔附近州縣民人賴以維生的土地，全被旗圈去；復以水旱之災，民無田業，爲饑寒所迫，挺而走險，淪爲盜。故「州縣地方，或有一村都是盜，祖孫父子世世作賊，此互保之法，如何行之？甲長是盜，九家是盜，明是强盜保强盜」（註五）。更有「直屬大盜，彰明較著，稱爲馬上好漢子，地方人等，畏之如虎，敬之如神，稍有拂意，即白晝刼殺，或暮夜殺死全家。凡屬良民，口稱犯了王法，止一人死，惱了大盜，則全家死！因之寧死王法，決不敢惱了大盜也。從此思之，求一不敢互保之八家，不可得矣！隱忍獻媚，求保身家，誰敢不保大盜？如此保甲，竟爲養盜圈套」（註六）。故嚴保甲雖爲「古今弭盜」良法，但對順、康年間畿輔盜賊却莫可如何？復以旗人家奴參與其間，庇護盜賊，窩藏匪類，借盜賊以馬匹器械，甚至親身參與其間，更增加畿輔盜賊的複雜性。

「上諭八旗大臣，內務府總管，直隸州縣緝拏逃盜，每每蹤跡查訪，至內務府莊頭之家，而莊頭等護庇不令捕役進家搜捕，以致直隸逃人盜案不能絕跡，此皆由內府莊頭藏匿之故。再八旗在屯居住人等，多係不求上進怠惰浮薄之輩，在屯閒居，不守法度，竟有窩藏逃盜，欺淩百姓、好事忘爲者。此等內務府莊頭，並在屯與民人雜居之旗人，若不嚴加約束，必至妄生事端」（註七）。魏家樞曾言：「直隸地方州縣，與莊屯連界，滿漢雜居，稽查繁難，賊之器械馬匹，保無假借？聚散往來，保無窩藏匪類？交接保無連躡？緝查保無庇護？如臣衙門送刑部盜賊二起，俱有旗下人在內，其在刑部結案者，難以備述」（註八）。于成龍奏曰：「直隸地方，以緝盜爲第一要務，爲盜者，依仗旗下名色，或嚇詐，或刼掠，無所不爲，有司明知而不敢深究」（註九）。格文清公事略「諭曰：旗下莊頭與民雜居，倚聲勢，每爲民害」（註一〇）。于山奏牘七卷四五頁曾有「如携一經事犯，即藏窩家，如追緝急迫，或潛匿京邸，或投充旗下，地方官莫可誰何？此輩舉動更爲駭人，有買驢騾，日行二、三百里者；有步行一日一夜三，四百里者。今日打刼，明日已離失去數百里矣」！對旗下家奴爲盜，順治十三年五月諭（世祖實錄一〇一卷八頁）：

「畿輔地方，近年以來土賊充斥，及見拏獲者，多係旗下之人，朕思各旗有固山額眞，梅勒章京，甲喇章京、牛彔章京，每牛彔下又設撥什庫，果能稽察嚴明，何由爲盜？此皆該管各官，督察怠玩所致，爾部即詳察歷獲盜案卷內，有旗下人爲土賊行竊者，係何旗？何甲喇？何牛彔？某旗下若干？某甲喇若干？某牛彔若干？一一開明，視明數多寡，將該管各官，分別議處俱奏，仍嚴加申飭，不時稽察。以後本旗甲喇牛彔內，有爲土賊者，該管官及撥什庫，隱諱不首，定行治罪不貸」。

旗下家奴之爲盜，除魏裔介所言：「旗下舊人多精壯，慣經戰陣，攻城掠地，曾爲國家出力，或糧餉用度不足自給，斷不能捋荼茹苦，與農夫菜傭同甘淡薄也！或耕種水旱無收，或嫖賭浪蕩無聊，而漢民誘之，餌以財力，未有不相從爲盜者」等原因外（註一一），實由直隸地方盜賊，與他省不同，巡撫既不能管兵，總兵不聽約束，且漢軍人無約束駐防章京，莊頭，及撥什庫等人之例（註一二）。魏象樞謂畿輔盜賊所以不能弭清是由於州縣有司職權太小：「臣入都以來，見直隸盜案，多於各省，心竊異之！近聞輦轂之下，如皇莊樂亭等處，馬賊成羣，肆意無忌，大爲百姓地方之害，雖盜案處分，可謂至嚴，而巡撫總兵，副將遊守，及駐防章京等官，非不星羅碁布？未見防禦擒拏？其州縣有司，官微職輕，無一兵一馬，惟有靜待參處，不敢過而問焉！此盜賊所以日多也」（註一三）。而「向例地方各官無管轄屯撥什庫之例，各旗都統等官，又遠在京城，竊恐屯撥什庫、不能嚴束旗丁，及本身窩盜爲盜不法等項」（註一四）。「將旗人遽行杖責，亦屬違例」（註一五），則在畿輔的旗人及家奴，無異享有「治外法權」，其爲非作奸，那就難怪了！自鴉片戰爭後，我國門戶開放，外人在我國享受種種特權，其租界爲盜賊之淵藪，與旗人莊屯爲畿輔盜賊之「養成所」，其理一也?!

旗人家奴仗征服者勢力，殘害平民，霸佔平人子女，威逼人命，把持衙門(註一六)，甚至「毆辱職官」(註一七)，「輒殺平民」(註一八)，雖清廷屢有法令嚴禁旗人家奴依勢害民，但在征服者以功臣自居的滿洲人及其家奴眼中，也不過一紙具文吧！

為了便於稽查京城內的盜賊，順治五年八月諭戶部等衙門，將漢官軍民盡徙南城居住：「京城漢官漢民，原與滿洲共處，近聞爭端日起，刼殺搶奪，而滿漢人等，彼此推諉，竟無已時，似此何日清寧？此實參居雜處之所致也！朕反覆思維，遷移雖勞一時，然滿漢各安，不相擾害，實為永便。除八旗投充漢人不令遷移外，凡漢官及商民人等，盡徙南城居住」(註一九)。

徙漢官漢民於南城居住，這只是救一時之治標方法，畿輔盜賊昌熾的基因所在，是畿輔漢人田土被圈佔，無田無家，為饑寒所迫，只有挺而走險，淪為盜賊；而旗人又不事生產，「不農、不工、不商」，游手好閑，復又享受特權，故旗人及其家奴之為盜，實有其特殊時代背景。徐越於康熙十一年上疏：發給八旗窮兵滂糧，也只是寢息畿輔盜賊於一時的辦法(註二〇)。劉餘祐順治九年敬陳開墾方略疏：「曾議請寓弭盜之法於屯田之中」：「凡大兵所過，降寇流民，務在實心安插，擇其強壯者，收歸營伍。其餘老弱，悉令屯田、必開明籍貫、編立保甲，計口授田，使之屯牧有地，耕種有資……但不得於圈地之外，溷佔民間有主熟田，寓弭盜之法於屯田之中，而即寓裁餉之意於練兵之內。進可以戰，退可以守，無踰於此者」(註二一)。魏裔介也主張使「失業之人，令得居住，彼既有棲身之所，尙可苟延性命，不致流浪作賊，以陷刑戮」(註二二)。「因畿輔盜賊肆行刼掠，民生惶惶，靡有寧宇」，故主招撫，使之束身歸農，「然而四野之刼掠如故也，民無寧宇如故也，撫之一字未爲得策也。夫使果能不煩兵戈之力，立收革面之功，豈不甚善？而不能也，諸賊黨羽已盛，千百成羣，膽橫氣粗，蓄謀日久，我欲以撫收賊，賊反以撫愚我，有司徒飾耳目！各以撫自愚，刼掠如故，禍將安窮？而撫之未得其策也」(註二三)。金之俊提出勦撫互用之策：「實能勦者，必撫以用勦，而後勦不致于干和；實能撫者，必兼勦以用撫，而後撫不致于釀亂」(註二四)。但畿輔盜賊有不能勦，不能撫者，則爲旗人與家奴參與其間。

(註一) 于清端公政書五卷二八頁。
(註二) 皇清奏議一卷四頁。
(註三) 同上八卷四頁林雲京請嚴因循積習疏。
(註四) 世祖實錄一三六卷六頁，順治十七年六月。
(註五) 于山奏牘七卷四六頁。
(註六) 同上七卷四四頁。
(註七) 天津縣志一卷三五頁。
(註八) 寒松堂文集三卷八頁。
(註九) 聖祖實錄一二五卷二頁。

（註一〇）清朝先正事略九卷三三頁。

（註一一）皇清奏議三卷十八頁。

（註一二）寒松堂文集三卷八頁。

（註一三）同上。

（註一四）聖祖實錄一二五卷二二頁。

（註一五）寶坻縣志一七卷八頁，雍正六年三月。

（註一六）欽定八旗中樞政考一三卷四三頁：莊頭家人生事：八旗莊頭家人在外依勢害民，霸佔平人子女，威逼人命，把持衙門，此等事發，如係內務府包衣所轄，該管官分別知情，失察照例議處。係王、貝勒、貝子、公家人，將辦理家務官分別知情，失察照例議處。係民（旗人）以下，大小官員家人，將家主分別知情，失察照例議處。

（註一七）欽定八旗中樞政考二四卷二三頁，奴僕毆辱官員：「旗員家下奴僕，有犯毆辱官者，除治罪外，約束不嚴之家主，該官照例議處。見康熙二七年旗人吳與經毆辱職官杜亮采案（聖祖實錄一三四卷二頁）。

（註一八）有懷堂集八卷一五頁，上四：「旗下人在外放青，輒殺平民，尤不可恕。康熙廿七年侍衛常保不能嚴束家奴於放鷹處，縱僕星格禮等打死民張守禮等」。

（註一九）世祖實錄四〇卷九頁，順治五年八月。

（註二〇）皇清奏議一九卷三，四頁，請飭畿輔水利疏：「但八旗貧丁以恃地養生，地復荒矣！而澇糧不行撥給，將何賴焉！若得因地制宜，使八旗之地不致荒澇，則可以家給人足，而澇糧得以省……卽近畿之盜賊亦由此而寢息乎」！

（註二一）皇清奏議四卷一九頁。

（註二二）兼濟堂文集一一卷五頁。

（註二三）順治元年臣功奏疏一五二頁，吏部給事中孫承澤議疏。

（註二四）皇清奏議一卷五頁。

第四章　旗地之典賣與官贖

清初的圈地，旨在爲旗人置恆產，圈地自順治元年開始，其間屢停屢圈，至康熙廿四年才算完全停止。其間圈去的田土，與近畿一帶百姓帶地投充的土地，據粗疏的估計當在三十萬頃左右。但旗人得地後並不完全自己耕種，甚至從龍入關的奴隸也有一部分要隨主人出征，無暇耕種，而耕種旗地的奴隸逃亡，更影響旗人的生計，致肥沃良田漸成荒土。且小規模農業委之於奴隸耕種，本身就不划算，一年生產所獲，除奴隸食用外，所剩已無幾？故自停止圈地後，不久旗人即開始典賣土地，但在旗地畝，向例不許賣與民間，俱有明禁，而旗人時有急需，稱貸無門，不敢明將所有地畝，一時契賣，乃變名曰老典，「其實與賣無二也」(註一)。旗人典賣田土雖無確實年代可考，但據赫德在其籌八旗恆產疏中曾云：「此等民典旗地之時，自康熙二、三十年之間，即有此風」(註二)。則旗人開始典賣田地，應在康熙廿四年停止圈地以後，而旗地內的奴隸生產制也開始崩解，代之而起的是一種租佃關係；與奴隸生產制併存的莊園制，亦隨之而瓦解，由一種小規模的農業經營所代替。這裏證明了一點，即以奴隸用之於農業生產之不經濟；而任何憑藉政治或武力以衞護少數人利益的一切措施，均屬徒勞無益！旗人憑藉特殊勢力獲得土地，最後却因特殊勢力養成惰性，喪失謀生能力，典賣不勞而獲的土地；被旗人役使的一羣，則由於勤儉刻苦，變成自耕農或地主。這種社會階層的自然淘汰與變動，是我國農業社會的特色，不止限於入關後的旗人。

(註一)　皇清奏議四二卷七頁，赫德等八旗恆產疏。

(註二)　同上

(一)　旗人生計之困窮

清朝雖自順治元年入關，建都北京，但眞正統一天下，要待順治十八年桂王被俘，才算眞正統一。其間江南之平服，雖以洪承疇居首功，明末三王之平定雖以三藩爲主力，但八旗勁旅，亦參與其間，康熙卽位可謂大一統之局完成，但康熙十二年三藩之亂起，兵連禍結，天下擾攘，無有寧日，八旗勁旅之徵調，更是頻繁。考之滿洲人入關之初，仍承襲着關外之規制，「凡有征行，馬匹器械衣甲，餱糧無不備」(註一)。徵調頻繁當然影旗人生計，陳之遴在其滿洲兵民生計疏中曾言：「一有警急，輒勞滿族遠涉，或數千里長征一、二年，出兵之時買馬置器，措費甚難，凱還之日，馬倒器壞，又須買補，滿兵月餉幾何？堪此重費」？(註二)故至「窮苦兵丁，出征在外，房屋毀壞，妻子露處，無力修葺」(註三)。康熙廿年十月諭大學士等曰：「聞滿洲兵丁，家貧者甚多，曩昔滿洲初進京時，人人俱給有田房，各遂生計，今子孫繁衍，無田房者甚多，且自順治年間以來，出征行間，致有稱貸，還償不能，遂致窮迫」(註四)。康熙卅年正月又諭戶部：「八旗甲兵，國家根本，當使生計充裕，匱乏無虞。向因勦除三逆，久歷行間，製辦軍械，購送馬匹，兼以戶口日增，費用日廣，以致物力漸絀，稱貸滋多」(註五)。另一影響旗人生計的，則爲奴隸隨主人出征，弗能生產，滿洲勁旅既征調頻繁，當然奴隸從主出征，其情更苦。康熙五年正白鑲黃一旗換地時，八旗田土竟有一半或全部荒蕪不能耕種（見本文第二章二節圈地與撥補）。此中雖有揑報等情弊，但究其田土荒蕪之原因，則以旗人不事產爲主因（關于奴隸隨主人出征一事，見拙著清初漢軍八旗的肇建）。且滿洲人不事生產，羣聚京師，所得田地，設莊屯，全委之於奴隸本身就不划算，生產所獲，除奴隸食用外，其路途遙遠，收取租稅不夠轉運之勞苦？林起龍順治十一年在其更定八旗兵制疏中，對奴隸生產之不划算與旗人生計之困窮說得很明白：

「滿洲不作生理，專靠土地，而地薄路遠，疊遭水旱；兼之新投莊頭不能養生，反來索糧，少加督責，攜家而逃；日用非錢不可，物價騰貴數倍，所得月餉有限，而軍器雜物，棚仗馬匹，無一不係自備，兵安不窮乎」(註六)。

旗人不事生產：對旗人不事生產之說，向多誤解。蕭一山先生引近人筆記說：「洪承疇建以漢人養旗人，不令旗人營生計之策，從此滿漢分居，漢人得安農工商賈之業，二百七十年免其擾，雖出租稅以養之，猶有利焉！此則洪承疇有功於漢族，抑若善於補過者也，馴至八旗之人，一物不至仰恃漢人，猶嬰兒之於乳母，民軍一起，數月而亡矣」！(註七)這種說法顯係迎合國人推翻滿淸的心理，牽强附會之辭，與事實相去甚遠。考建州女眞，原爲耕牧於長白山附近一部落，自太祖時重視農業，甚至以滿洲人生產來養獲自戰陣中的俘虜，其後隨着太祖，太宗的軍事發展和擴大，搶掠日多，俘獲日衆，於是將生產之事，委之於獲自戰陣或搶掠而來的奴隸，滿洲人則全當兵。入關後憑藉其軍與政治勢力，仍承襲着此一規制發展，造成滿洲人「不農、不工、不商」完全靠豢養以度日。這種歷史的事實與發展，吾人豈可迎合一時之人心而予完全抹煞?!

旗人及其家奴不准在外經商貿易的禁令，見於世祖實錄順治五年閏四月：「禁止諸王府商人，及旗下官員家人，在外貿易」(註八)。其原意乃鑑於入關之初，諸王貝勒等常遣家人在外貿易，而彼等家人遂依其征服者的勢力，「輙違法禁，擅害鄉邨，勒價强買，公行搶奪，踰房垣，毁倉廩，攘其衣物財貨，少不遂意，卽恃强鞭撻，甚至揑稱土寇，妄誣告」(註九)。名雖經商，實係强買强賣，作屯積居奇，操縱物價種種不法勾當。則禁止旗人及其家人經商，旨在恐其擾民，其意甚善（關於旗人及其家人在外經商，屯集居奇，操縱物價，把持市場之事，見本文第三章二節：投充與帶地投充）。另一種限制，使旗人不能出外經商者，則爲八旗官員兵丁人等，概不許居住外城(註一〇)。「旗人有事告假前往近京，順天府所屬地方者，領催馬甲人等，由該佐領報明參領，將所往之處，並去來限期，呈明都統等在案，該參領等給與關防牌票前往……閑散人等，由該佐領告知參領，給與圖記前往。如往外省者，仍由該都統出具印文，咨部給與路引前往。其路引，關防，牌票圖記，回日卽行繳銷，若愈限不回，及不繳引票圖記，查出照例鞭責。如不請路引，牌票，圖記私往，或已告假不往所指之處，另往他處者，該官照例分別議處……閑散人等照例分別鞭責，革退」(註一一)。「告假往返途程限期，順天限廿日，奉天限六十日，直隸限四十日，江蘇限九十日，安徽限一一〇日，山東限六十日，山西限四十日，河南限六十日，陝西限一〇〇日，甘肅限一一〇日，浙江限一一〇日，江西限一二〇日，福建限一六〇日，湖北限一〇〇日，湖南限一四〇日，四川限一六〇日，廣東一六〇日，廣西二二〇日，貴州二〇〇日，雲南二二〇日，黑龍江一六〇日，若有愈限，按其違限年月期，分別議處，不及十日者免議」(註一二)。「旗人私自出境，取債探親者，該職官革職，兵丁革退，如係閑散，鞭責，知而不禁及失察之該佐領，驍騎校，並失察之參領，副參領，均照例分別議處」(註一三)。嚴禁旗人私自出境，實係防止旗人及其家奴藉端挾詐，營私擾害地方(註一四)(關于旗人及其家奴橫行鄉里，擾害地方之事，見本文第三章)。當然旗人羣聚京師，本身就含有軍事，政治居重馭輕的作用(註一五)(參見本文第二章一節圈地之意義)。又因清廷軫念旗人從龍入關與開國的辛勞，對旗人的豢養過優，「凡可為旗人資生計者，無不委典備至」，恩養有加(註一六)，使旗人喪失謀生能力。至「旗人無農，工，商賈之業可執，類皆仰食於官」(註一七)，故雖百計以養之，「於正賦俸餉之外，添設佐領之額，優給養育之糧，免其借扣之銀，假以生息之利，且分置公產，聽令認買撥給地畝，勸諭下屯」，但「旗人之窮乏自若者，不使之自為養，而常欲以官養之，此勢有不能者也」(註一八)。誠如赫泰所言：「以數十萬之衆，生齒日繁，聚集京師，不農，不賈，皆束手待養，豈長策耶！」(註一九)。故至道光五年，有人奏疏放寬旗下無錢糧之閒散人員假期隨彼等出外謀生，自食其力，以免株守京城，仰給父兄，等待缺額候補(註二〇)。「欲廣籌生計，必先去『旗人』依賴之性質」(註二一)，實一語道破旗人生計困窮之原因。

旗人生活之奢侈與腐化，亦為造成生計困窮之原因。入關前，旗人生活儉僕，天命八年太祖宴諸王酒筵，也不過「卓置麻花子饅一種，小麥饅頭二種，Solho 饅頭一種，炸食饅頭一種，饅頭、細粉、果實、鵝鳥及雞，各種肉汁，大肉汁」(註二二)。但隨着滿洲勢力的發展，擴大，搶掠日多，俘獲日衆，旗人生活日漸奢侈，吉慶宴會極奢華；甚至遊蕩街頭，出入戲院、戲館，不理生計。賞賜之錢財，轉手花去，完全依賴賑濟，賞賚度日。「雍正五年諭管理八旗大臣曰：從前皇考軫念兵丁效力行間，致有債負，曾發帑金四十萬兩，一家賞至數百，未聞置有產業，一、二年間蕩然無餘，其後又賜帑金六百五十餘萬，亦如前，立時費盡。朕即位以來，賞賜八旗兵丁一月錢者數次，每次三十五、六萬，入手妄用，不十日即為烏有。庫帑為國家正項，百姓膏脂，豈可無故濫用賞賚？若不將惡習改除，朕即有加恩之意，亦不可行也」。「乾隆元年諭曰：朕因旗兵寒苦者多借給庫銀，營運自應仰體朕心，撙節以爲久遠之計，乃聞領銀到手，不知愛惜，而市肆將綢緞衣物，增長價値，以巧取之。各該管曉示，案是借給官兵俸餉一年，次年又借給兵餉半年，而帑銀未領，錢物之價已騰；以御史明德奏覆，嚴行曉諭，大抵旗人狃於揮霍，炫於鮮衣美食，經商逐利不待禁而不能，夫借之帑金曰俾資營運，猶未終禁經商逐利也，亦徒資惰窳之口實而已」(註三四)。陳之遴於順治十二年疏言：「節省財用，大凡多費則貧，少費則富；治國治家，德是一理。滿洲兵民，素稱樸實，非有驕奢，但吉凶諸事，或循例相沿，或用情過厚，不無多費至窘，請皇上稽古酌令，裁情就禮，將滿洲兵民諸事，制爲典例，務從儉約，如吉慶宴會備物勿過豐華，敬禮神祇祭享，送終至孝珍貴勿多焚化，其餘可以類推」(註二三)。魏象樞曾言：「邇來民間用度之奢靡，器物之淫巧，種種治習，未返淳樸，其耗民財，而壞人心者，莫與戲園，戲館爲甚。每開一園，其餚饌則山珍海錯；其侑觴則恒舞歌；其聚會，則沿遊閑蕩之人，與鑽營騙詐之輩。夫京師者，四方之觀也，士農工商，以至兵民人役，各有本業，自朝至暮，萬古千辛，求其供衣食養妻子而猶恐不贍，安有餘暇爲劇戲之時？安有餘錢爲浪費之資乎？入其中者，必是不務本業之人；食其物者，必是不費艱苦之錢，或朝得而夕費；或暗得明費，約略計之，日費百金，月費三千金，歲費三萬六千金，從何而來」(註二四)？魏象樞此奏疏說得頗涵蓄，不敢明指旗人，但有餘閑，有餘錢專圖享受者，除了統治階級與「發國難財」的旗人及家奴外，還有誰？故順治年間，京城的戲院，戲館林立，優伶輩至，並非社會繁榮的象徵，而是奢侈腐化與貧窮的强烈對比(註二五)。禁止八旗官兵人等入園館看戲縱飲，是在旗人生計成問題以後，乾隆年間的事(註二六)。然八旗官兵生活之奢侈，在太宗崇德年間卽已開始(註二七)，入關之後則更甚。故康、雍、乾三朝勸誡旗人生活奢靡的詔諭也最多，今自實錄，聖訓中舉出若干條，以視清廷重視旗人生計與旗人治生苟且，糜費極多的一般情形。

聖祖仁皇帝聖訓六卷三頁康熙十二年十二月：「上諭八旗都統副都統六部滿尙書等曰：滿洲乃國家根本，宜加軫恤，近見滿洲貧困，迫於逋負者甚多，賭博之風禁之不止，皆由都統、副都統、佐領等不加憐憫訓導以至於此；且滿洲習俗，好爲嬉戲，凡嫁娶喪祭之儀，過於糜費，不可枚擧。」

擧聖祖實錄一五〇卷一四頁，康熙卅年正月：「又諭八旗兵丁，債負償還，恐猶有不得已而稱貸之事。若向部內借支，事務繁擾，今發帑銀，交與八旗，將各旗內部院堂官派出，會同該旗都統、副都統，視其需用之事借給，於每月錢糧，陸續扣除。如此，則兵丁不至窘迫，將來可免稱貸之累，永無裨益矣」！

聖祖仁皇帝聖訓四十九卷五頁康熙四十二年四月：「上諭八旗都統，前鋒統領，護軍統領、副都統、佐領等曰：朕爲官兵生計，不時廑念，前已屢施大澤，今年詔欵內，復特沛鴻恩，不惜數百萬帑金，遍行賞賜，嗣後兵丁人等，應人人務立生計，淸償夙逋，豐裕度日，倘有不肖之輩，不思撙節儉約，惟知縱酒酣飲，鮮衣肥馬，過於費用，則不數日間，仍如未沛恩澤時也。爾等俱有督率之責，不當徒以督率爲名，亦當誘之向善，使人人以孝弟爲本，各知自守，愛惜產業，則不特風俗可至淳樸，而朕愛人之心，亦不致徒勞矣！可將此旨刋刻遍示軍卒人等，受朕重恩如此，倘仍行賭博，行止不端，斷不輕貸，必將爲首者立正典刑」。右渠餘記四卷四十五頁，康熙四十九年正月諭：「八旗治生苟且，糜費極多，官兵所給之米，輒行變賣，而銀兩耗去，米價又增，於是衆悔莫及。朕每日進膳二次，此外不食別物，煙酒檳榔等物，皆屬無用，衆人於此輒日費幾文？甚者貧而效富，用必求盈，中人之產不久必罄矣！乃令八旗大臣等善爲化導」。

聖祖實錄二七五卷一九頁，康熙五十六年十一月：「八旗都統等，因奉特恩豁免公庫扣除銀兩，率領兵丁謝恩，得旨：小人得財則喜，用盡則怨，見今八旗，得見舊日風景者，已無其人，而能記憶祖父遺訓者亦少，以致風俗日奢，人心不古，嗣後務期悛改，以副朕諄諄訓誡至意」。

世宗憲皇帝聖訓廿六卷三頁雍正二年四月：「上諭八旗官員等，朕以八旗滿洲等生計時廑於懷，其縱肆奢靡，歌場，戲館，飲酒，賭博等事，屢經降旨訓誡，卽諸臣條奏所請，應行禁止之處，亦已施行。凡朕所降諭旨，及各項禁約，務將利弊，詳加剖晰，明白書寫，每旗，每佐領各頒一張，嚴示衆人。各都統亦宜時加訓誡，謂主上厪念八旗滿洲等生計，種種恩施，不一而足，各宜安分遵守儉樸之道，力改奢靡。凡賭博，縱飲，遨遊園館等事，洗滌惡習，以副主上訓諭仁愛至意；儻不實心感戴，不學爲善，不遵法度，則一生徒自暴棄，不但終身卑賤，且無益於生計，雖主上屢佈恩施，何益之有？主上頻勞心慮，諄諄訓飭，爾等誠宜省悟，日夜仰藏遵行儉樸之道。凡清語騎射當差行走操技藝，嫻習禮儀等事，皆當盡心努力學之；或有不改前愆，不遵法度之人，一經查出，務必從重治罪，以警衆人」。

右渠餘記四卷四十四頁，乾隆元年諭曰：「八旗從前風俗最爲近古，迨承平日久，生齒日繁，漸及奢靡。如官服外省，奉差收稅，卽恣意花銷，虧帑犯法，親戚朋儕，牽連困頓，而兵丁閑散，惟知鮮衣美食，蕩費成風，旗人貧乏，率由如此」。

除順、康年間的戰爭，旗人不事產與生活之奢侈，影響旗人生計外，人口之自然增加，房地不夠分配，糧餉不足養人，也是造成旗人生計困窮的主要原因，故乾嘉時代論及旗人生計困窮者，多以戶口繁衍，房地不夠分配爲主要原因。關於旗人入關之人數，因無冊檔可查，向來就是一個謎，但自順治入關迄於乾隆，其間一百多年，人口之自然增加，使原有房地田產，糧餉不够養人，此爲造成旗人生計困窮的主因。雍、乾年間，旗奴之出戶爲民，旗民典賣田土風氣特別盛行，其因卽在此。因史料之缺乏，與本文題目之限，不擬牽涉太遠，只將乾、嘉時代，諸大臣論及人口繁殖，威脅旗人生計之奏章，按年代先後編排，以明一概要。舒赫德乾隆二年敬籌八旗生計疏：「我朝定鼎之初，八旗生計，頗稱富厚者，人口無多，房地充足故也。今百年以來甚窮迫者，房地減於從前，人口加有什百；兼以俗尚奢侈，不崇節儉，所由生計日消，習尚日下而無底止也。夫旗人之所賴以維生者，房地也，惟有房地，別無他項，若房地不充，雖百計以養之，究不過目前之計，終非久遠之謀」（註二八）。御史赫泰說得更明白具體：「國家恩養八旗至優至渥，而旗人生計猶未見充足者，非盡係旗人奢侈，與不善自謀之過，是官無長養之理，人漸滋生，恒產不足故也」（註二九）。考八旗至京之始，迄今百有餘年，祖孫相繼，或六、七輩，試以其各家譜牒徵之，當順治初年到京一人，此時已成一族；以彼時所給房地，養現今人口，是以一分之產，而養數倍之人矣」（註三〇）。柴潮生於乾隆十年籌理財長策疏中，更舉明之宗室以爲鑑誡：「明之宗室，不仕不農，仰給宗祿，至中葉以後，乃共蓬而居，分餅而食，男子四十不得娶，女子卅不得嫁，何也？力不足以給之也。今滿洲、蒙古、漢軍各有八旗，其丁口之蕃昌，視順治之時蓋一衍爲十，而生計之艱難，視康熙之時，已不及五；而且仰給於官而不已，局於五百里內，而不使出；則將來上之弊，必如北宋之養兵，下之弊亦必如有明之宗室，此不可不籌變通者」（註三一）。由於旗人戶口繁殖，而恒產未加增；由於旗人不事生產，坐吃山空，如是形成旗人人口日增，而生計日艱，財富少而消費多的現象，故乾、嘉年間討論旗人生計者，嚣然於清廷(註三五)。洪亮吉之治平生計二篇有關人口問題的文章卽完成於乾隆五十八年(註三六)，雖然洪氏生計治平二篇中所論及的，是泛指一般，並非特指旗人，但受「旗人生計問題」之間接影響，則毫無疑問。今抄錄洪氏治平，生計二篇於後，以明乾隆晚期後，清朝開始中衰的一個原因。

「治平篇：人未有不樂爲治平之民者也，人未有不樂爲治平既久之民者也；治平至百餘年，可謂久矣。然言其戶口，則視三十年以前增五倍焉，視六十年以前增十倍焉，視百年百數十年以前，不啻增廿倍焉。試以一家計之，高曾之時，有屋十間，有田一頃，身一人，娶婦後不過二人，以二人居屋十間，田一頃，寬然有餘矣。以一人生三計之，至子之世而父子四人，各娶婦卽有八人，不能無傭作之助，是不下十人矣。以十人而居屋十間，食田一頃，吾知其居僅僅足，食亦僅僅足也。子又生孫，孫又娶婦，其間衰老者或有代謝，然已不下廿餘人，而屋十間，食田一頃，卽量服而食，度足而居，吾知其必不敷矣。又自此而曾焉，而玄焉，視高曾祖時，口已不下五六十倍，是高曾時爲一戶者，至曾玄時不分至十戶不止。其間有戶口消落之家，卽有丁男繁衍之族，勢亦足以相敵。或者曰，高曾之時，隙地未盡闢，閒廛未盡居也。然亦不過增一倍而止矣；或增三倍五倍而止矣，而戶口則增至十倍廿倍，是田與屋之數常處其不足，而戶與口之數常處其有餘也。又況兼併之家，一人據百人之屋，一戶占百戶之田，何況乎遭風霜饑寒顛踣而死者之比比乎？曰天地有法也，然民之遭水旱疾疫而不幸者，不過十之一、二耳。曰君相有法乎？曰使野無閒田，民無剩力，疆地之新闢者，移種民以居之，酌今昔而減之；禁其浮靡，抑其兼併，遇有水旱疾疫，則開倉廩悉庫以賑之，如是而已矣，是卽君相調劑之法也。要之，治平之久，天地不能生人；而天地之所以養人者，原不過此數也。治平之久君相不能使人不生；而君相之所以為民計者，亦不過前此數法也。且一家之中，有子弟十人，其不率教者常有一、二，又況天下之廣，其遊惰不事者何能一一遵上之約束乎？一人之居，以供十人已不足；何況供百人呼？一人之食，供十人已不足，何況供百人乎？此吾所以為治平之民慮也」。

生計篇：今日之畝，約凶荒計之，歲不過出一石，今時之民，約老弱計之，日不過一升，率計一歲之食，約得四畝，卽須四十畝矣；今之四十畝，其寬廣卽古之百畝也。四民之中，各有生計：農工自食其力者也，商賈各以其贏以易食者也，士亦挾其長傭書授徒以易食者也。除農本計不議外，工商賈所入至少者，日可餘百錢，士傭書授徒所入日亦可得百錢，是士農工商一歲之所入不下四十千。聞五十年前吾祖若父之時，米之以升計者，錢不過六、七；布以丈計者，錢不過三四十。一人之身，歲得布五丈，卽可無寒；歲得米四石卽可無饑。米四石為錢兩千八百，布五丈為錢二百。是一人食力，卽可養十人，卽不耕不織之家，有一人營力於外，而衣食固已寬然矣。今則不然，爲農者十倍於前而田不加增，爲商者十倍於前而貨不加增，爲士者十倍於前而傭書授徒之館不加增，且昔之以升者，錢須三十矣；昔之以丈計者，錢又須一二百矣，所入者愈微，所出者益廣，於是士農工商各減其值以出售；布帛粟米又各昂其價以出市，此即終歲勤動畢生皇皇而自好者，居然有溝壑之憂！不肖者遂生攘奪之患矣！然吾尚計其勤力有業者耳，何況戶口即十倍以前，則遊手好閒更數十倍於前。此數十倍之遊手好閒者，遇有水旱之疾疫，其不能束手以待斃也明矣！是又甚可慮也(註三)。

張蔭麟先生對洪氏生計治平二篇推崇備至，譽爲中國之馬爾薩斯，並撰「洪亮吉及其人口論」一文，闡揚表彰之。惟洪氏治平生計二篇出之於直覺，並非理智的分析，在方法上用演繹，沒有詳盡數目字的歸納，與馬爾薩斯的學說相去甚遠。如洪氏能用科學的方法，利用數字的根據統計分析整理歸納，則入關後的「旗人」實是最好的「抽樣」調查對象。

(註一)　世祖實錄二卷六頁，順治十一年三月。

(註二)　皇朝經世文編三五卷七頁。

(註三)　畿輔通志一卷廿九頁，康熙十八年七月。

(註四)　世祖實錄一四九卷三頁，康熙廿九年十月。

(註五)　世祖實錄一五〇卷一四頁康熙卅年正月。

(註六)　皇清奏議八卷一頁：更定八旗兵制疏，順治十一年，林起龍。

（註七）孫甄陶：清史述論第四章貳臣品類之研究三三頁引蕭一山清代通史（四八：北京之遷都二六六頁）。

（註八）世祖實錄三八卷十一頁，順治五年閏四月。

（註九）同上十二卷三十一頁，順治二年四月。

（註一〇）欽定八旗中樞政考一三卷廿一頁：禁止旗人移居城外。

（註一一）同上：一二卷卅二頁：旗人告假請領路引。

（註一二）同上：十二卷卅頁：告假。

（註一三）同上：十三卷四十頁，旗人私自出境。

（註一四）同上

（註一五）皇朝經世文編三五卷一四頁：梁時正，乾隆六年，八旗屯種疏。

（註一六）皇朝奏議三七卷四頁：梁詩正，乾隆六年敬籌八旗變通之法疏。

（註一七）同上

（註一八）同上

（註一九）皇清奏議四二卷六頁：籌八旗恆產疏，乾隆十年，赫泰。

（註二〇）皇朝經世文編三五卷三四頁：道光五年，會籌旗人生計四條疏。

（註二一）東三省政書廿九本：八卷十頁紀變通舊制。

（註二二）引用陳文石先生清人入關前的農業生活——太祖時代（下）。四：結論。

（註二三）皇清奏議九卷一四頁，陳之遴，順治十二年大道永計疏。

（註二四）褒松堂文集三卷卅一頁。

（註二五）同上：「且京城內優伶多至二、三百班不止，以致民間後生，演習聲容，廢棄耕讀」。歷經戰難之北京，人民逃散，已殘破不堪，富者在異族統治之下，也消聲匿跡，不敢露面，故有餘閒，有餘錢，敢於公開露面看戲，賭博酗酒者，除征服者及其家奴外，誰敢？

（註二六）八旗則例十卷五頁。

（註二七）淸鑑易知錄六卷廿頁崇德二年四月，諭諸王貝勒曰：「昔金熙宗完顏亮廢太祖，太宗衣冠，儀度，循漢人之俗，遂服漢人衣冠，盡忘本國言語……今若不親弓兵，而惟耽宴樂，則田獵行陣之事，必致疏遠，武備何由而得習乎？蓋獵者，演武之事，朕欲爾等時時不忘騎射，勤練士卒，故令出師田獵，許服便服，其餘俱令遵照國初，仍服朝服」。

（註二八）皇淸奏議三四卷一二頁：舒赫德乾隆二年敬籌八旗生計疏。

（註二九）同上：四二卷赫泰籌八旗恒產疏。

（註三〇）皇朝經世文編三五卷一六頁赫泰乾隆十年復原產籌新墾疏。

（註三一）同上：二六卷一三頁：柴潮生，乾隆十三年奏。

（註三二）張蔭麟文集二九一頁：洪亮吉及其人口論。

（註三三）洪北江詩文集一卷八頁，九頁，十頁。

（註三四）石渠餘記四卷四十四頁。

（註三五）乾隆年間謂戶口繁殖，影響旗人生計的，除舒赫德，赫泰，柴潮生，尚有保留，苑咸，甚至沈起元在其擬時務策中，特別指出旗人戶口繁殖，造成生計困窮的主要原因。

①留保，請休養旗人奏（八旗文經卅五卷頁）：「今承平日久，百年之內，休養生息戶口日繁，而室廬田地不加多，甚至貧窮之家，一時有所需用，其所有之田宅，率多轉售與人，而賃屋而居，且無尺土之租者矣！不必盡由於子孫不肖，奢靡蕩敗？蓋一家之內，人浮於食，生計日難，理固然也」。

②沈起元擬時務策（皇朝經世文編三五卷四頁）：「竊聞世祖定八萬甲，受銀若干兩，米若干石，至聖祖時乃增爲十二萬甲，蓋一甲之丁，至今而爲數十丁，數百者比比皆是，於是一甲之糧，昔足以贍十家者，必不足以贍數十家，數百家？甲不能遍及，而徒使不農，不士，不工，不商，不兵之民而環聚京師數百里內，於是生計日蹙，而無可爲計，非旗人之愚不能謀生者，雖有千木陶米之智，不能爲生也！未有舉數百萬不士，不農，不工，不商，

非兵，非民之徒，安坐而仰食於王家，而可以爲治者」？

③范咸：八旗屯種疏，乾隆五年：「我國家休養生息，於今百年，戶口日繁，生計恒患其絀，而目前所猶宜急籌者，莫若滿洲八旗之恒產，蓋民生有四，各執厥業，士農工商皆得以自食其力，而旗人藉以爲生計者，上則賜官下則披甲，二者皆取給於官之錢糧。夫國家之經費有定，戶口之滋息無涯，於此而欲博施濟衆，雖堯舜，猶有所不能者也」。

（二）旗地之典賣與官贖

由於順、康年間的征戰，八旗勁旅征調頻繁，使旗人負債；由於旗人不事生產，坐吃山空；復以生活侈奢，糜費甚多；再加以戶口繁殖與物價上漲，原有糧餉及田土實不夠養人，旗人生計遂日益困窮，故自康熙二、三十年間，旗人卽典賣田地。但「八旗官兵所受之田，毋許越旗買賣，及私售與民，違者以隱匿官田論」（註一）。據大清律例通考戶律田宅欺隱田糧律文一：「凡欺隱田糧（全不報戶入冊）脫漏版籍者（一應錢糧俱被埋沒，故計所有之糧），一畝至五畝笞四十，每五畝加一等罪，止杖一百，其脫漏之田入官，所隱稅糧依（畝數，年總數）約其數徵納」。（註二）

旗地不許典賣與民人，故旗人趨避更巧，以長租，老典之名，將旗地賣與民或旗奴。「無如例禁雖嚴，趨避更巧，檢查臣部現存歷年案卷，有曰指地借錢者；有曰支給長租者，顯係避典賣之名，陰行典賣之實，層見迭出，不一而足」(註三)。因旗地免賦，「賣到民間之旗地，即係不完糧之墨地，既不向旗人交租，復不向國家納課」(註四)，故民人願出高價典買(註五一)。典賣旗地，直接影響旗人生計，間接侵蝕國帑，故清初為防止旗人將田土變象的賣與民人，對長租的定義限制極嚴：「凡旗人指地借貸民人錢文，無論有無紅白契紙作押，凡借字內書有地畝字樣，即照長租之例辦理」(註五)。並限制旗人將地畝租與民人耕種者，不得過三年，違者業主及租戶俱交刑部治罪。失於查出之該管佐領、驍騎校、參領、副參領均照例分別議處，領催照驍騎處分析鞭責」(註六)。對旗人違例將田土租給民人，戶部則例（十卷卅頁），載有處理辦法：

「旗人指地借貸民人錢文，及支使長租三年以外者，給限三月，令業戶先行呈繳借價，將地給與收領。如逾限不交，行令該旗接奉部文之日起，再勒限一月，在該旗人名下著追，如果實係無力完繳，並非故意拖延，准由該管參佐領，查明報部，將業主名下地畝，令官為徵租存庫抵交。」

旗地除不准典賣給民人外，如典賣給旗人，不論本旗隔旗，俱准典賣。典者報明該旗佐領註册，以備日後回贖之時，便於查對，買者赴左右兩翼課稅司過稅，不許私立白契；倘有私立白契，隱諱情弊，將兩造人等，俱部治罪」(註七)。原圈給八旗的田地，旨在為旗人置恒產以豢養旗人，今則因旗人一時急需或生計困窮，將田土典賣給民人或旗奴。田土典賣後，旗人無固定收益，生計愈艱困，形成一種惡性循環，故自康熙二、三十年起，賑濟賞賚八旗之事，愈見頻繁；除災荒之例行賑濟外，並動用公帑為旗人代清債逋，以徵租解部銀兩，加發八旗兵丁一月錢糧(註九)。雍正年間賜各旗生息銀十萬兩，以為八旗婚喪喜事急需用，並准綠營額出，由八旗閑散人員遞補。嘉慶年間又增養育兵額，以養貧不能自給的旗人。凡可利濟旗人生計之處，無不畢舉，但旗人生計仍然困窮，於是雍、乾、嘉三朝又起為旗人置恒產之議。他們認為養人之道，在乎因天地自然之利而利之，必使人自為養，斯可以無不養，如若按人按戶給衣給食，雖一州一縣尚不能，況八旗之衆乎」？(註一〇)若「恒產(房地)不足，雖百計以養之，究不過目前之計，終非久遠之謀」(註一一)。賞賜賑濟除養成旗人之依賴性，徒資惰窳之口實外，實無補旗人生計之困窮，故「雍正二年以御史塞德之請，戶部議准：以內務府交出餘地及戶部官地內，撥新城縣一百十六頃，固安縣一百廿五頃八十九畝制為井田。令八旗挑選無產業之滿洲五十戶，蒙古十戶，漢軍四十戶前往耕種。自十六歲以上，六十歲以下，各授田百畝。周圍八分為私田，中百畝為公田，其公田之穀俟三年後征收。於耕種所餘地內，立村莊，造廬舍四百間，每名給銀五十兩，以為一年口糧，牛種，農俱之用。設管理勸教二人，俟有成效，分別議敘。至五年議定將八旗滿洲，蒙古內欠糧及犯法革退官兵無所依歸者並伊妻子，發往井田，每戶給田卅畝，五戶給牛三頭，每戶給銀十五兩，購買牛具籽粒等物及每年口糧」。「雍正七年，又於順天之霸洲，永清縣設井田」(註一二)，「乾隆元年改井田為屯莊」(註一三)。清初井田制之小試，嚴格講是失敗的(註五〇)，耗費多而於旗人生計無補，故乾隆年間孫嘉淦議於興和，開平等處設公田，赫泰就持反對意見：「因旗人不善隴田，欲開荒地，必得招民佃種，若三頃之中取二頃為民人世業，一頃為旗人公田，不但養旗人之田地無多，且此地既有民業，而旗人又不善於耕種，界址相連，易於朦混，不一、二十年之間，民典旗地之風，又與京師五百里之內者無異也」(註一四)。井田，公田制耗費多，而於旗人生計裨益甚少，故乾隆年間舒赫德，赫泰，梁詩正孫嘉淦等人，一面奏請動用帑藏，贖回旗人典賣給民人或旗奴的田土，限期令旗人贖回，分限扣除其糧餉；一面則奏請移八旗窮兵到關外開墾荒地，乾嘉年間關外的開發，亦是為旗人籌生計。

「八旗地畝，原係旗人產業，不准典賣與民，向有定例。今竟有典賣與民者，但相沿已久，著從寬免其私相受授之罪。各旗務將典賣與民之地，一一清出，奏請動支庫銀，照原價贖出，留在各該旗，給限一年，令原業主取贖，如逾限不贖，不論本旗人及別旗人准其照原價承買」(註五一)。這是雍正七年的詔諭，但贖地之事要待乾隆年間才眞正舉行，其遲遲舉行的原因，除屬於民人的旗地太多(註一六)，一時不易調查外，實由試行井田與移旗人於關外屯墾荒地二事所吸引，因二者均係為旗人置恒產，綿固根本的長遠之計。至於贖地與開發關外的得失，將於下文中討論。

乾隆二年擬將從前入官之旗地賞還旗人，俾資生計(註一七)，但未舉行。至乾隆三年仍照從前定議，將入官地畝，立爲公產收租解部，按旗分給生計貧困者。並議准除原圈官地不許民間置買外，其旗人自置有糧之地，見（現）在入官者，不論旗民，准照原估買值變賣，將銀解部，交各旗料理生息，分給旗人」（註一八）。但「所得之地租，分散之時勢難均齊，而地畝租銀，官收之數亦必少於私收，分賞衆人，則人多數少，無濟於事，勢必隨手花費」（註一九）。乃「令八旗官兵指俸餉或見（現）銀承買，則八旗人等各得立（恒）產，於生產自有裨益，承買價銀即交部以補蓋房之項」（註二〇）。於是「戶部令八旗都統會議，凡一等地卅畝，作價四八銀，二等地卅畝，價三八兩，三等地卅畝，價廿八兩，四等地卅畝，價十八兩，荒地卅畝，價十二兩，令官兵承買，價銀限五年交完，其指俸餉抵買者，亦於五年內坐扣」（註二一）。這些公產地價之餘銀除交地方官作爲贖回民典旗地之用外（註二二），其分期付欵辦法，也爲乾隆年間旗人贖地之張本。乾隆四年爲贖地再諭戶部（清朝文獻通考五卷田賦五、四四九九頁）。

「我朝定鼎之初，將近京地畝，圈給旗人，在當日爲八旗生計，有不得不然。其時旗人所得地畝，原足以資養贍，嗣因生齒日繁，恒產漸少；又或因事急需，將地畝漸次典與民家爲業，閱年久遠，輾轉相授已成民產。今欲將從前典出旗地，陸續贖回，必須於民全無擾始爲妥當」。

但民典旗地，或因地經轉易，或歷年久遠，原價無從根查，且原契所開價，有無浮開？文契所載與民畝所值，是否相符？都是贖地時應注意的，乃令地方官隨時體察，因時措施，以杜浮開之弊。一經查出有欺隱情事，卽將地畝入官，不復給價，仍治虛開之罪(註二三)。「浮開之處，自必有中保，可以質證虛實；卽或串寫事故，地經轉易，或歷年久遠，文契遺失，無從稽查者；質之同莊典當之人，互相分證。蓋同莊典地，其地土之肥瘠，價値之多寡，無不約略相同，如同是此地畝，又當典年月，相去不遠，甲姓典地，每畝一兩，乙姓典地，每畝一兩五錢，則此五錢之數，卽係浮多；如開報一兩上下，卽可相信。……倘有刁狡之徒，因有贖地之舉，而于文契之內，夥開浮價，誆銀分用，無論契紙之新舊，墨跡之鮮涇，可以吊驗，斷難欺隱」(註二四)。乾隆十一年題准：

「取贖之案，其造原冊，有與契載年月遠近地畝銀數多寡不符者，除契內地年遠價少，以契爲準。若契內之價多於冊報，查驗無浮，照契取贖，均於冊內聲明更正。如契僞價浮，照契內之價取贖，其文契年分地畝少於原報，均照此質驗明確，據實妥辦。至於原典轉典年分，均驗對契冊，以原典爲主，定價回贖；如原典價輕，轉典價重，卽照原典價取贖。其轉典之價，著落原轉典之人，聽其自行補還，如冊內造係轉典，無論價輕價重，總按契內原典之價回贖。冊內造係原典價重，契內轉典價輕者，仍照原冊之價回贖，至於找價，每有不經中保私相授受者，其中誠僞難分，應酌定年分以重區別。自乾隆五年四月奉到部咨議准回贖以前，實係原報遺漏，查驗契中無僞，時日相符者，准其並算取贖。如五年五月以後，復以找價塡契內者，概不准給找價，以杜虛冒」(註二五)

至回贖地畝，每畝價銀之事，也是當時爭論的問題：「原定以租銀作比例，一分五釐核算，但如每畝租銀一錢五分，作價一兩，似折中之一法，但其中原有不可執一而論者；即如昔之膏腴，今成瘠薄，乃係典後沙壓之故，並非糞力不齊；在當日民人契典之時，按照膏腴之地用價已多，今次回贖，又照瘠薄之地，議租定價，將未贖之前，獲利已微，既贖之後，復虧本矣！至昔瘠薄，今成膏腴，雖係典主培植所致，然契典之時，按照瘠薄之地，用價實少，迨今回贖，竟照膏腴之地，議租定價，是未贖之前，獲利已多，既贖以後，所得又培於原價矣！二者相提而論，似未平允，若按年分，實價回贖，如旗地每畝原值價銀一兩，小民用以二兩值典，承種未幾，而止給銀一兩回贖，則民人必以短價奪地爲詞，獄訟紛然矣」(註二六)。如是照孫嘉淦之議，以遞減之法，按年定價回贖，乾隆九年定民典旗地減價取贖之令：

「凡民典旗地，不論契載年限，總以十年爲率，在十年之內者，照原價。十年之外者，減原價十分之一，廿年以外者，減十分之二，卅年以外者，減十分之三、四十年以外者，減十分之四、五十年以外者，半價取贖。至十一年復定取贖旗地，自十年以外，每年遞減，至五十年外，仍以半價取贖」(註二七)。

乾隆九年，以承買公產案銀兩，除各旗已經保送下屯種耕人戶，應給籽種牛具，建蓋房屋約需銀十一萬兩零，尚存銀二六二、六四〇兩零，酌留二、四七〇兩零，以為將來八旗續送旗人下屯耕種之用，其餘廿萬銀兩，交直隸總督高斌(註二八)。「或按典地年分之近遠，或按坐落州縣之邱段，驗明原契，按年定價，隨時清贖，造冊報部，行文八旗，令原業主照贖價交官，領回原產。倘原主不願回贖，准令各旗官兵承買，或贖或買，均照五年之限辦理。未經官兵贖買之先，每年交直督按坐落州縣徵收官租，留定貯藩庫，以為贖地之用。其已准官兵贖買之後，交部地價，亦交該督，作為贖地之需」(註二九)。以上贖買旗地，均係指民典旗地而言，如贖買奴典旗地，却另有規定：

「旗下家奴開戶人等，典買伊主旗地，自行首報，官為回贖，聽伊主交價認領。如係典出之地，准其於俸餉內，分為五限扣交。如係將地畝賣給家奴，不准分限扣價，應令交足現銀，方准認領。如典賣與別姓家奴，係典出者，准原業主於俸餉內分五限內扣價認領。若賣出者，即將地畝回贖入官，不准認領，亦不准他人承買，交與八旗內務府，作為公產」(註三〇)。「贖回民典旗地，或贖，或買，照買公產之例，五年扣交地價。如未扣完，不許轉售，俟地價扣完，許其照例典賣，不許典賣給民人，違者業主售主俱交部治罪。地畝價銀一並追出交官，失察之佐領，並該管旗界及兼轄各官，均照例分別議處。至失察旗人領種地畝私佃民人者，亦照例議處分」(註三一)。

乾隆年間，官贖民典旗地分四次辦理，自乾隆十年迄廿五年，共贖霸州五十六州縣民典旗地九五一七頃二四畝三分七釐七毫，與副表（十二）所載大致相符(註三二)。再加奴典地約五、六千頃(註三三)，則乾隆十年迄於廿五年的贖地，最多不超過二萬頃(註三四)，事實上民典，奴典之旗地決不此止數。誠如赫泰乾隆十年復原產籌新墾疏中所言：「至於在旗地畝，向例不許賣與民間，俱有明禁，因旗人時有急需，稱貸無門，不敢顯然契賣，乃變名曰老典，其實與賣無二。至今旗地在民者十之五、六矣！故前蒙皇上天恩，交直督清查議贖，去年查明霸州五十六州縣衛民典老圈旗地，僅九千餘頃；但在各州縣畏事，惟恐贖地一事，紛繁拖累，故奉行不無草率；而民間又未有不欲隱瞞旗地爲己恒業者。臣恐八旗老圈地畝，典在民間者，未必止於九千餘頃，何則？近京五百里內，大概多係旗地，自康熙二、三十年間，以至今日，陸續典出者多，贖回者少，數十年來斷不止於此數」(註三五)，當然因「違禁」入官的旗地爲數亦復不少(註三六)。這些問題均因乾隆年間的冊檔無存，無法確實證明；但有一點是可確定的，卽八旗官兵因生計困窮而變象的典賣旗地，而清廷也費盡了苦心，爲旗人置恒產，不惜動用帑藏爲旗人贖地。關於民典旗地的數目，在史料缺少的情形下，我們寧願相信赫泰所言，因他是舉辦贖地的滿洲大臣。至清查隱匿的旗地，赫泰亦提出具體的辦法：

「臣請特派大臣，將戶部圈佔地畝原冊，及陸續給地畝檔案，逐一查出，合該旗按冊查對，分交各佐領，傳喚原業主詢問，此項地畝曾否典賣？及已經典賣者，在旗在民共若干畝？其在旗者，令原業主轉輾查明，現在何旗何人名下為業？其在民者，從前於何年？何月日？典與何人為業？如或年代久遠無從查考，及原業主無人，俱照部冊開明咨送，以便查核。除在旗地畝，毋庸置議外；其在民者，奏派八旗諳練之參佐領，前往會同各該州縣，將民典旗地，逐案查對；如係國初以來，即在民人名下，交納錢糧者，方係民地。若從前並無紅串，忽於康熙年間託故起有紅串，而地畝段又與部冊彷彿者，即係隱瞞之旗地無疑矣」！(註三七)

經這次贖地之後，乾隆廿五年又定違禁私行長租之例：「違禁私行長租者，業主租戶，各治以違禁罪外，由業戶名下將租價追出入官，由租戶名下將地畝追出給還本人，使業主租戶兩失長租之利，以示懲警」(註三八)。乾隆卅二年並重申典賣旗地之禁令(註三九)。其實「旗」「民」交產之事在乾隆三年，准民人置買公產旗地，已開其端緒(註四〇)。雖然原圈官地仍不許民間置買，但利之所在，「旗」「民」變象典賣之事仍層出不窮：「顧例禁雖嚴，而私相典賣難於稽查，往往一產而旗契民契參雜其間，不可究詰，年久轇葛，獄訟繁興。房屋之傾頹者，本植磚瓦零星折買，更有善良之士，株守敝廬，坐困而一籌莫展者；蓋當情勢急迫之時，例禁愈嚴，生機愈蹙，故咸豐中遂弛其禁，亦知禁之無益，而又害之也」(註四一)。咸豐二年准順天直隸等處，悉准「旗」「民」交產，照例稅契升科(註四二)。但「弛禁後各州縣請報陞科者，甚屬寥寥，而盜賣隱占之案，層見迭出，雖有陞科之名，並無納賦之實」(註四三)，乃於咸豐九年又歸復舊制，禁民人典買旗地。至同治二年裘德俊以旗人生計艱難，請復「旗」「民」交產之例，庶「旗」「民」有無均可通，於八旗生計，不無裨益(註四四)。同治三年准於所請：「順天直隸等處，無論老圈自置，亦無論京旗屯居，及何項人民，俱准互相買賣，照例稅契陞科」(註四五)。至光緒十五年又歸復舊制，不准「旗」「民」交產，但民間私相授受者仍多，終屬有名無實；且刁滑之徒，轉得藉例禁為勒掯之地，貧乏之者，急不能擇，更受其挾制，而虧損彌多，實與八旗生計初無裨益(註四六)。故沈家本上變通旗民交產舊制摺，請准於旗民交產：

「本年恭奉諭旨，化除滿漢畛域，共保安全體制，刑律之歧異也，特諭妥議辦法，將次第見於施行，以彰聖代同風之治。「旗」「民」不准交產，顯分畛域之一端，自應即變通，未可牽制舊制。況究夫生理之源，於相濟相通之機，多阻關而少便利，則於八旗生計，似亦無庸顧慮及此。臣等默窺世變，熟計時宜，擬請嗣後旗人房地，准與民人互相買賣，悉照咸豐年間成案辦理。所有戶部則例旗民交產門內各條，仍一律遵用，至旗人之出外居住營生者，准其在各省隨便置買產業，毋庸禁止。舊時刑部例文二條，即應刪除，惟關田賦事隸度支部，相應請旨飭下度支部，核議施行，庶「旗」「民」之贏絀有無，可以相濟相通，而各有自養之路。便民生而化畛域，洵共保安全之一策也」(註四七)。

清初把旗人劃分爲一「特權階級」，初圈民地爲旗人置恒產，復藉賞賚賑濟之名動用國帑以豢養旗人，又以官銀爲旗人贖地，並屢下禁「旗」「民」交產之令，以加惠偏袒旗人；但旗人之生計仍然困窮，誠如沈家本所言：「養民之道，在乎因勢利導，必使人人自爲養而後可以無不養，若不爲之籌自養之路，但作苟且之圖，則立達無方，博濟亦徒存虛願而已」(註四八)。「從來以一人養天下，恒苦其不足；使天下自爲養，常覺其有餘」(註四九)。沈家本，沈桂芬二人不但指出清初「圈地」，「贖地」，「禁旗民交產」，與「賞賚」「賑濟」加惠旗人的一切措施，都是苟且之圖，立達無方，「博濟亦徒虛願而已」！並提出解決旗人生計問題的最佳途徑，就是「廢除一切特權」，讓旗人自謀生計。「君子愛人以德，小人愛人以姑息」，清初豢養旗人的一切措施，都出自偏私的姑息，難怪至清末「馴至八旗之人，一物不至，仰恃漢人，猶嬰兒之於乳母，民軍一起，數月而亡矣」。

附表十二　旗地變動表

縣名	退存地	另案地	三次贖地	四次贖地	奴典地	公產地	莊頭地	屯莊地	備註
大興	頃畝分 五八·九一·七	頃畝分 五八·九五·七	頃畝分 一·八五·三	頃畝分 七二·七二·三	頃畝分 六六·一九·二	頃畝分 三三·四二·九	頃畝分 四·八七		

宛平	九七·五五·八	六二·八三·五	二·五一·五	二一·六三·四	三三·二三·八	五·四·八	一·三三		
良鄉	三四·一一·九	一六·九三·四	八二·二七·五	二九·六三·四	一〇·三四·三		一三·九六·四		
固安	二四·五六·一	一〇五·二四·七	四七·七二·六	四二·一四·二	一八二·九九·九	五〇·三二·九	二三·一五·九	五四·五·一	
永清	九九·八二·九	二〇二·九六·八	四三·八八·四	一一九·三六·七	一八七·一四·七	八一·九八·九	一·八	七·五〇	
東安	二三九·一九·九	二〇三·四五·一〇	三八	一〇九·二五·二	一七一·二八·九	一〇六·八一·一			
香河	六九·七八·三	六七·九九·四	一·一九·四	一七七·八九·六	四五·七·九	五六·四六·九	二·二〇		
通州	二七四·九·九	一六九·九五·五	七·二一·七	一三〇·三二·三	九四·四七·一〇	五八·四四·四	一五·二八·八		與縣志不合
三河	二四三·六·一	二三三·八·二	三·一一·一〇	二七七·八四·二	一六六·八一·七	九九·四二·六	四五·六二·六		與縣志不合
武清	三三四·二六·五	四九九·七九·二〇	七·三九·四	一九·八四·二	三三·一五·五	一三一·二五·七	一七二·八五·五		
寶坻	一五八·一〇·二	二七二·九六·七	七·四六·九	五七八·四二·八	二〇五·八三	一五九·七八·三	一七		
寧河	七	五二·二四·一〇							
昌平	五七·九四·三	一四七·九八·四	一六·六二	四五·三三·一	一六·九七·七	五〇·四·二	三三·七〇·四		
順義	一八二·八三·六	一一八·五九·四	四·一九三	二五三·九二·六	八七·九四·一	三二·五·二	五·一〇·一〇		與縣志合
密雲	四八·四三·一	六二·六八·三		九四·二三·四	一三·七三	一一·七一·七			
懷柔	二六·九三·六	一三八·七四·九	五·三一·五	三八·五六·八	二九·四二·二	三六·七四			

涿州	八九·二八·三	八七·六五·三	一五·二四·九	二八四·六七·七	一三六·九六·八	一〇〇·五〇·五			
房山	一八·三二·八	七四·五五·六	二·八〇·八	八七·九七·五	二五·五四·三	六·一五·九		一〇·九四	與縣志合
霸州	一三·九二·二	二四·八一	七·五三·九	二六二·九三·五	六二·九〇·八	二三·四九·六			
文安	一四四·七六·四	二〇六·五五·四	一八·二八·一〇	一一三·一八·二	六三·三九·七	三·九六·五			
大城	一三·三七		一四			二四			與縣志合
保定	二·二四·五	三一·五		二·三一	三·三〇	四·八二			
蘇州	五一八·五一·六	三三三·二〇	二四·三·五	三七五·五一	一八二·八三·七	一三六·四三·一	六六·九七·九		
平谷	二一·九一·一	一·二四·八		二一·八六	六九·六四·一	二四·四七·五			
清苑	四六七·四七·一	一二〇·三三·一	一三·六五·四	三一六·一六·五	一五九·五二·八	一七七·六五·四			
滿城	九〇·六五·三	一一六·二四·三	一、八五一·二	二、八九一·二	三三五·六八·七	六八·四三·四	七·二三		
安肅	(止記旗地租銀未記畝數)								
定興	二六·九一·四	六五·五二·二	六二·二六·七	九六一·三三·五	一五二·八五	一〇六·六二·三			
新城	止記旗地租銀未記畝數								
唐縣	二〇·四五·一〇	四〇·五三·九	二九七·三	四六·二八·一	二五·六四·一〇	二九·四一·四	三〇		
博野	止記旗地租銀未記畝數								

望都	一六·五三·五	二六·二七	四六·三	二·四四·四	三·三二·五	六·五三·七			
完縣	止記旗地租銀未記畝數								
蠡縣	七五·四〇·二	一三八·四六·八	六二·六	一八六·六一	一四八·三四·二	七〇·三六·四	一·五六·一		
雄縣	止記旗地租銀未記畝數								
安州	三、八五〇	一〇七·九七·九	一一〇	一五一·八〇·九	四三·四七·九	一八·九〇·二	六一		
新安	一七·一〇·一	二九·五五·一	四四·四六·三	一五·三七·四	九·二 ·二	一四·六九·八三	四·七三·二		
高陽	一五七·三五·九	九八·六四·八	二·二五·八	三〇〇·六四·三	一三四·八·一	一三一·三六·一			
豐潤	三八一·八七·四	八五·六九·一〇	五·八五	七四九·四一·七	三三八·〇〇·一	三四三·九八·一	一五·三八·八		一卷五二頁
交河		四一·九六·三	二九·九一·六	一〇一·六三·四	二四三·三一·	一、一〇三·一	一九〇		二卷八頁
靜海	二七·五二·八	二九〇·二 ·三		三〇·七九					四卷一九頁
遷安	九一·九九·六	七一·六三·一		一三·八七·一	四〇·四三·五	二六·八四·一	三·三四·三		一二卷廿頁
任邱	二六·九一·三	六五·五二·二	六二·二六·七	九六、二三·五	一五二·八五	一〇、五九三·三			三卷廿頁
獲鹿	七·六二·五	一五·七二·二				一六五			四卷四頁
灤州		三七六·六六·七	五·六五·八	五〇、〇六二·二	二九三·七五·一〇	六三、九〇〇·九	一四·七九·一	一三·六一·四六	一三卷五頁
容城	六四·一三		三二·八七·八	八七·二		五·四一·六			四卷七頁

共地	四,六六七.〇四.四	四,六四四.六四.三	五八六.五七.四	七,七一九.六一.三	四,〇一六.六〇.二	三,二〇〇.九九.三	六八四.五五.二	八,五五七.四六

附

註

一、本表根據順天府志五三卷保定府志卷及各縣志而作。備註中所記，即該縣志卷數頁數。

二、存退地：此順治初旗人圈地也，指圈地有餘交官取租謂之存，圈後還官謂之退，自乾隆十一年始造册報名曰存退。

三、另案地：雍正三年戶部咨令，將內務府交出旗圈餘地，又八旗抵報斷公之地，又察抄入官房地，交地方官征解，自七年始立一案，曰另案。

四、三次贖地：八旗地私自典賣與民，動帑贖回，起自乾隆十年訖十二年，謂之初初次，十三十五年謂之二次，十六——十八年三次，厥後定章造册，名曰三次。

五、四次贖地：起乾隆十九年至二五年，征解如三次例，而自爲一册，名四次。

六、奴典贖地：八旗私自典地與旗奴動帑贖回，自一九年訖二三年交地方官征解專册造報，曰奴典。

七、八旗地私典與民，發覺入官交地方官征解，專册造報，名曰公產（始自乾隆卅二年）。

八、屯莊地：八旗屯種霸州、固安、永清縣（按戶部則例，此三州縣外，尚有新城縣，順天府屬）井田，合已未長租者，每戶分田一百廿五畝，歲輸屯穀一二石五斗，令地方官征解自乾隆十七年，戶部定爲例，名曰屯莊地。

九、莊頭地：內務府莊頭退出地畝，交地方官征解，自乾隆卅二年，戶部咨准始專案册報，名莊頭。

十、除八項旗租外，尚有廣恩庫，鑾儀衞，馬館西河黑地，黑地陞科，儲備軍餉，海防，香燈，博通經濟等地征租，或報名或不報名，錄可稽者志旗租。

十一、旗租：存退餘絕租銀解藩庫，浮收莊頭租銀解內務府，入官地畝租銀解藩庫，查撤各旗公產地畝銀解藩庫，民典旗買入官公產租銀解內務府，回贖民典旗地租銀解藩庫，回贖旗奴典地租銀解藩庫（以上均係收除不常，並無定額）。

十二、以上三至十條均出自順天府志五三卷，惟十一條出自三河縣志五卷一一頁其他各方志所載八項旗租與順天府志相同。

（註一）大清會典十卷卅一頁。

（註二）大清律例通考九卷戶律田宅一頁。

（註三）畿輔通志九五卷三八八八頁。

（註四）同上

（記五）戶部則例十卷十七頁。

（註六）欽定八旗中樞政考一七卷八頁禁止長租旗地。

（註七）同上：一七卷四頁。

（註八）石渠餘記四卷四四頁：「康熙間度支充實，於八旗兵丁，時加恩養。初動公帑數百萬代清積逋，又於各旗設立官庫，資濟匱絀，四十二年貸帑金六百五十餘萬兩，四十五年合計未完者，尙三百九十餘萬，詔豁免之（至五十六年又豁免官庫未經扣完銀一百九十萬）。年徵旗租解部，至後敕賞八旗兵丁一月錢糧，久以爲例」。聖祖實錄一八四卷一八頁康熙卅六年六月：「免三次出兵八旗兵丁所借官庫銀兩」。在實錄中賞賚賑濟八旗貧兵之事甚多，爲敍述簡便計，僅抄錄右渠餘所記，以示一個大概。

（註九）皇清奏議四十二卷九頁：「查康熙年間宗人府即有生息銀兩一項，數十年來，滋生者多，拖欠者少，而且利息微薄，便於旗人，嗣後各旗料理生息銀兩之法，未有善於此者」。

（註一〇）八旗文經二七卷六頁，舒赫德：八旗開墾邊地奏。

（註一一）同上

（註一二）清朝文獻通考卷五田賦五頁四八九八。

（註一三）同上：頁四八九九。

（註一四）皇朝經世文編三五卷二一頁，乾隆十年赫泰：復原產籌新墾疏。

（註一五）八旗通志六三卷三頁，雍正七年。

（註一六）皇清奏議三四卷一二頁，乾隆二年，舒赫德敬籌八旗生計疏：「昔時所謂近京五百里者，已半屬於民人，前經臣工條奏，動帑收贖，奉旨，徐徐辦理，尚未舉行。臣思以爲，即便舉行，而八旗之人口太多，亦未便盡能有濟」。

（註一七）清朝文獻通考卷五田賦五頁四八九九。

（註一八）同上

（註一九）同上

（註二〇）同上

（註二一）同上

（註二二）同上

（註二三）永清文徵十二頁：回贖旗地奏疏議。

（註二四）同上

（註二五）欽定大清會典事例一三五卷戶部二七頁。

（註二六）永清文徵十三頁，回贖議，永清縣志修於乾隆年間（乾隆四十四年刋本），故永清文徵所記贖地事，甚爲詳盡，其所記之事，證之清文獻通考及欽定大清會典事例均甚相符，故本章中取材於永清文徵中的史料較多，其中可補「官書」中不足之處。

（註二七）清朝文獻通考卷五田賦五頁四九〇〇。

（註二八）永清文徵一五頁：回贖旗地奏議。

（註二九）欽定大清會典事例卷一三五戶部廿六頁，及永清文徵一五頁均記此事，惟永清文徵早於會典事例，故用永清文徵，其中有「　」記號者即爲會典事例中所刪去的。

（註三〇）欽定八旗中樞政考二七卷一四頁：「坐扣俸餉回贖房地」。

（註三一）同上：一七卷四頁。

（註三二）永清文徵一四頁：回贖旗地奏議。

（註三三）參見附表十二。

（註三四）清朝文獻通考卷五田賦五頁四九〇一，乾隆廿八年：「此項回復地畝——計地一萬四千五百卅四頃六十二畝有奇，原徵租銀廿萬二百六十七兩，酌其租銀十有一萬三千二百廿五兩，每年共應徵租銀卅一萬五千四百九二兩有奇，照例解交藩庫彙總解部」。參副表十三所記。

（註三五）皇朝經世文編三五卷一七頁：乾隆十年赫泰復原產籌新墾疏。

（註三六）湖南文徵卷五二記十三，孫鼎臣記：「乾隆四十四年，戶部贖回入官老圈地二萬七千餘頃，責成直隸州縣徵租解部，於年終普賞各兵一月錢糧」。清朝文獻通考卷五，田賦五，頁・九〇三：乾隆四十四年亦載八旗贖回入官老圈地畝事。乾隆九年以承買公產銀兩，保送各旗下屯耕種人戶建蓋房屋及買牛具種籽外，並以餘銀廿萬兩，作為贖地之用，可見入官之旗地為數不少。

（註三七）皇朝經世文編三五卷一八頁：乾隆十年，赫泰，復原產籌新墾疏。

（註三八）清朝文獻通考卷五，田賦五，頁四九〇一。

（註三九）同上

（註四〇）參見本文註一八。

（註四一）寄移文存一卷一四頁，變通旗民交產舊制摺。

（註四二）同治中興京外奏議三卷九頁，直隸總督劉長佑：請變通旗民交產章程疏。

（註四三）同上

（註四四）同上

（註四五）同上

（註四六）寄移文存一卷一四頁：變通旗民交產舊制摺。

（註四七）同上

（註四八）同上

（註四九）同治中興京外奏議三卷一頁：山西巡撫沈桂芬請籌費移屯兼舒國用疏。

（註五〇）永清文徵五頁：「雍正三年戶部議准，將固安等縣入官地畝，設立井田，蓋造房屋，撥給無業旗人，並給工本銀兩，令其耕種。原俟行之有效，再行擴充地畝，以惠養八旗之人。乃試行十年以來，所投屯種之一百八十戶，緣事咨回更換者，已有九十餘戶，循環頂補。而八旗咨准井田耕種者，大都游手無藝，不能當差之人，到井田後，仍不能服勤力穡，且多干法紀，則行之未見成效，仍係實在情形」。

（註五一）永清文徵十二頁，回贖旗地奏議：「今據布政使　沈呈稱：伏查近京州縣，地多圈佔，民鮮恒產，每遇旗人出典地畝，有情愿多出重價置典者，亦有浮開虛價置典者；事雖不一，在小民不過因兼地可耕，使目前之原價過，則將來取贖自難，欲以旗人世業，權作民人祖產」。

（三）旗地內的租佃關係

在第一章中，作者曾敍述太祖，太宗時，建州女眞將陣獲的人爲奴隸從事農業生產，並說明這種「以農養戰，以戰擾農」，在戰爭中壯大自己的策略，與建州之興起有密切關係。入關後的旗人仍本着關外的傳統在旗地內用奴隸生產，至清朝中期，這種奴隸生產制漸爲租佃關係所代替。因史料的缺少，戶部檔冊之未經整理，故只引用日本學者周藤吉之先生所引用的戶部檔冊，以證明這種轉變的趨勢。

旗地內的奴隸生產制開始崩潰，瓦解並不是到清朝中期（乾隆末年）才開始，早在康熙二、三十年間，這種奴隸生產制的短處已開始顯露，一方面因莊園分佈大廣，地方遼濶，管理不易；而「莊頭」「壯丁」（奴隸）多有未知地利，農功不勤，致使田地荒廢(註四)。彼等不但「不能養主，反來索糧，少加督責，攜家而逃」(註五)，遇有水旱之災，奴隸反爲旗人生活的累贅，窮困旗人，現在家口尙不能養，何能養及莊屯人口（奴隸）？(註六)。康熙廿九年賑濟八旗不能贍養及莊屯人口竟達八萬餘人(註七)，這次賑濟係由直隸巡撫廿八年十一月的奏請：

「直隸地方被災之民，蠲免錢糧，又行賑濟，俱獲生計，止有旗下莊頭，度日維艱等語。大臣官員，及富家莊頭，其業主猶可給粟贍養，若窮兵何能養及莊屯之人？其被災州縣居住旗人，有不能贍養伊莊屯人口者，亦應察明賑濟，爾等可與九卿酌議以聞」(註八)。

而奴隸的逃亡也是清初旗地內奴隸生產制開始瓦解的主要原因，自康熙廿年三藩之亂平定後，天下太平，奴隸主要來源斷絕，奴隸逃亡後即無法補充，故自康熙二、三十年起，部份旗地內的奴隸生產制卽有轉變爲租佃關係的；而這種轉變與旗人典賣田土也有關係。考之清朝入關之初，圈地授田給八旗勁旅，但一個窮兵所得的田產，不過數十畝，至一、二百畝(註九)，身在京城不能自耕，有限之地不可以設莊頭，差人討租，往返盤費，所得租銀，隨手花費，實無管業之方(註一〇)。且莊頭取租多索而少交，田主受其侵盜，佃戶（壯丁，奴隸）受其侵陷(註一一)，故八旗兵丁，有的乾脆把田土變相賣給奴隸的(註一二)。允許奴隸有私有財產這也是清初的奴隸制一個特色，故一個奴隸可以變爲地主，不經過佃農的階段。典賣田土（旗地）者多爲八旗士兵；此固由他們收入少，生計艱難，但也因田土有限不宜設莊屯，與取租不便；把田土典賣與人，反比「有田土」利益。旗地的典賣，以八旗士兵的田土最先開始；而由旗地內的奴隸生產制變為租佃關係，也以八旗士兵的田土開其先例。乾隆十年至廿五年四次為旗人贖回的一萬四千多頃田土，其生產關係即正式的變為租佃，典買旗地的業主，由自耕農又變為旗人的佃戶(註一三)。其後由於「旗」「民」為「增租奪佃」之事爭訟不已，刁奴，地棍之從中漁利，「惡佃」之抗租，故乾隆年間孫嘉淦即請敕諭八旗王公，以及有地之家：

「如有不設莊頭，願交有司催征者，臣當飭地方，按年催征完解。如願自置莊頭，或差家奴討取，亦悉聽其自便，但不得輕易換更種地之人」(註一四)。

至八旗宗室勳臣的官莊與莊園內的奴隸生產制變為租佃關係，則是清朝中期以後的事。清初的旗奴除由戰功可以合家出自奴籍，編入正戶外(註一五)，另有「贖身」或在「本主家服役三代，實在出力者，原有准許放出之例」(註一六)。至乾嘉時代生齒日繁，旗人本身生計即成問題，實無力養贍奴隸，如是將莊頭(奴隸)之兄弟子孫，放出為民，令其自謀生計(註一七)。戶部則例一卷三十五頁記有放出莊頭壯丁(奴隸)的辦法：

「八旗王公宗室所屬莊頭，及投充家奴人等，如因人口眾多，情願放出為民者，呈報宗人府查明，飭令該管佐領，出具切實圖結，參領加具關防。族長查明本族宗室人等並無爭論，劃押甘結，造冊連結咨部，轉行各該州縣，給與執照，收入民籍，概不准私放出戶」。

在旗地內的奴隸生產制變爲租佃關係的過程中，又出現了一種包攬旗地，分佃給民人的田土揹客。他們有的本身就是奴隸，有的是地棍，孫家淦在八旗公產疏中對這些人侵盜田主，漁肉佃農之事說得最明白：「莊頭(註一八)取租多索而少交，田主受其侵盜，佃戶受其侵漁，甚且今年索取明年之租，若不預完，則奪地另佃矣！另佃必添租，租銀既重，逋負必多，一遇歉收，棄地而逃，併少租亦不得矣！旗人不能出京，多差家奴下屯，莊頭地棍聲色哄誘，飲博相從，所收之租隨手花去，則又探次年之租矣！至於次年無租可索，而懼主責懲，則以佃戶抗租爲詞矣！今年張甲，明年李乙，至小民以爲租已預交，旗奴以爲並未收取，遂至互訟不休矣！田主苦於欠租，雖有地而無利，民人苦於另佃，求種地而不得」(註一九)。樂亭縣邑宰施世洪曾立碣禁止包攬地租碣諭云：

「雍正十三年月日，蒙本府信票內咨總督部院李批：保定等府理事同知呈詳入官地畝，多有衿監莊頭，鑽營包攬，奪種興訟，至使窮民思種無術，呈請批示，通飭緣由；蒙批各屬入官地畝，衿監莊頭串通蠹役，包攬霸種，零星分佃，侵租累官，剝削害民，久爲錮弊，仰布政司通飭各屬盡行查出：示諭乏業窮民，各以的名赴官認佃輸租，仍許總攬分種，其現在拖欠租銀，俱於攬租棍徒名下嚴追完報，各取勒碑禁摹報查繳等因。蒙此除示，徧行曉諭外，擬合勒碑以垂永久，務使乏業窮民，各以的名認佃，均沾實惠，倘有衿監莊頭仍敢包攬分租，或經查出，或經告發，定行詳報，按律治罪」(註二〇)。

在戶部則例中亦規定「民人佃種旗地，地雖易主，佃戶仍舊」，地主不得無故「奪佃增租」。此實對佃種旗地民人的一種保障，以防「田土捐客」從中剝削謀利。對民人佃種官贖旗地，戶部則例中也有明文規定。茲將二條抄錄如後：

「民人佃種旗地，地雖易主，佃戶仍舊，地主不得無故奪佃增租；如佃戶實係拖欠租銀，許地主撤地另佃。倘佃戶措霸，呈官勒退；或地主實欲自種，佃戶雖不欠租，亦應退地。若無前項情事，而莊頭地棍串唆奪佃增租者，嚴加治罪」。

「民佃官贖旗地，官給印照，開寫地畝，及應徵租銀各數，於秋成後，徵收解司彙解部庫，佃民遇有事故，准其報官具退，聽官招佃，不得私相授受；倘有典賣，照盜賣官田律治罪，仍撤另佃；遇災按照分數，分別蠲緩。如有荒瘠應行除租，令該管道員，親勘加結，出具印文申報總督衙門咨部」(註二一)。

旗地內的奴隸生產制，自康熙二、三十年間旗人開始典賣旗地時，已漸形崩解，典買旗地的民人或旗奴，即成自耕農。至乾隆年間清廷動用帑藏取回民典或奴典旗地後，爲了怕擾民，故乾隆五年諭令取贖民典旗地時不准奪田別佃(註二二)，仍令原業主佃種。入官的公產旗地也於雍乾年間由莊頭包攬，零星分給民人耕種。八旗宗室勳臣的官莊與莊園，也因生齒日繁，人口增加，不克養贍太多的奴隸，也於雍乾年間開始放出奴隸，令其出外自謀生計。至八旗宗室官莊與莊園內奴隸生產制，到何時才完全由租佃關係所代替，因史料的缺乏，實不易指出確實的年代，由沈家本的「禁革買賣人口變通舊制議」中所述，旗地內的奴隸生產制完全變爲租佃關係，恐怕要到光緒末年。其後雖有奴隸，但奴婢與「雇工同論」，其性質與清初的奴隸迴然不同(註二三)。茲引用戶部檔冊內關於尙可喜子孫所屬旗地檔冊，以明這種轉變的跡象，並順便介紹日本學者周藤吉之先生所作「清朝中期に於ける旗地の小作關係」一文。

尙可喜於太宗天聰八年，以廣鹿副將歸降清，太宗以滿洲海域一帶田土賜其部下。崇德七年設漢軍八旗時，他的部下編入鑲藍旗。康熙十年尙可喜將其職位讓給其子尙之信，康熙十二年自請歸遼東。三藩之亂起彼仍效忠清朝，聖祖嘉其功封平南親王，後其子尙之信叛清，彼乃不堪憂憤而死。康熙十年三藩之亂略略平定，乃賜尙之信死，其部下編成十五佐領撥入上三旗。尙可喜的其他二子，尙之孝，尙之隆因未附尙之信而獲赦免，聖祖念及尙可喜生前功勞，將其遺骸葬之海城之南，給以祭祀之地，並置看墳佐領二。今介紹乾隆年間尙可喜子孫所屬鑲藍旗的旗地檔冊於後。乾隆年間是清初旗地內一切制度漸漸崩解的一個重要過程，吾人在其檔冊中可獲若干旗地內一切制度崩解的線索。雍正九年十二月的檔冊(註二四)。

石清舖莊頭馮得華，無差

壯丁馮國祥

上粗糧六石，麥子二斗，蘇子二斗，京米二斗，猪一口，鵝二隻，鴨子三隻，雞三隻，大柴一車，秫稭一百五十束，乾草五十個，炭十包，差銀一兩五錢。

壯丁李得智，壯丁葉秀華，壯丁廖有成，壯丁廖國榮。

以上五家，應交粗糧卅石，交麥子一石，蘇子一石，京米一石，猪五口，鵝十隻，鴨子十五隻，雞十五隻，大柴五車，秫稭七百五十束，乾草二百五十個，炭五十包，差銀七兩五錢。

銀差壯丁廖文舉（上銀三兩五錢），葉超珍（上銀三兩五錢），馮得富（上銀三兩五錢）。

共銀廿一兩五錢。

陳莊頭死絕，故馮家當莊頭。王三、王四原是木匠，在城中住，後搬居石清舖。又有一個李家，當日壯丁與十日，牛一隻。

小馬頭李雲龍，無差，

壯丁何國泰

上粗糧六石，麥子二斗，蘇子二斗，京米二斗，猪一口，鵝二隻，鴨子三隻，雞三隻，大柴一車，秫稭一百五十束，乾草五十個炭十包，差銀一兩五錢。

壯丁何國玉，夏起夫（無牛，免糧二石，免柴炭），李三歲（無牛，免柴二石，免柴炭）。

以上三家應交粗糧廿四石，內除無牛二家短糧二石實上粗糧廿石，交麥子八斗，蘇子八斗，猪四口，鵝八隻，鴨子十二隻，雞十二隻，大柴二車，稭六百束，乾草二百個，炭廿包差銀六兩

交差銀壯丁何起龍（上差銀三兩五錢），夏麻子（上銀三兩五錢），陳官得（上銀三兩五錢），何國榮（上銀三兩五錢），夏起夫家兄弟五人，共差銀廿兩。

外有島子，趙得有（交銀四兩），王世雲（交銀八兩），共差銀十二兩，此二人原住小馬頭，後撥島子。

沙河沿莊頭年良鄉，無差，年家即趙良玉家。

壯丁何文象

上粗糧六石，京米四斗，蘇子二斗，猪一口，鵝二隻，鴨子三隻，雞三隻，大柴一車，秫稭一百五十束，乾草五十個，炭十包，差銀一兩五錢。

壯丁張得有。李得富、陳自新。

以上四家應交粗糧廿四石，交蘇子八斗，京米一石六斗，猪四口，鵝八支，鴨子十二隻，雞十二隻，大柴四車，秫稭六百束，乾草二百個，炭四十包，差銀六兩。

交銀差壯丁陳自文（上銀三兩五錢），年良臣（上銀三兩五錢）。

共銀十三兩。

夾河梁國成　無差。何莊頭死絕，故梁家莊頭。

壯丁程應鳳

上粗糧六石，京米四斗，蘇子二斗，猪一口，鵝二隻，鴨子三隻，雞三隻，大柴一車，秫稭一百五十束，炭十包，乾草五十個，差銀一兩五錢。

壯丁許守富

以上三家，應交粗糧十八石，交京米一石二斗，蘇子六斗，猪三口，鵝六隻，鴨子九隻，雞子九隻，大柴三車，炭三十包，秫稭四百五十個，乾草一百五十個，差銀四兩五錢。

交差銀壯丁陳得全（上銀三兩五錢）。

共差銀八兩。

外有島子，何朝富（交銀八兩），何玉保（交銀八兩），二人原住夾河，後撥島子，何雙全（交銀四兩），共差銀廿兩。

以上四處，共差銀九十四兩五錢，共粗糧九十二石，共蘇子三石二斗，共京米四石六斗，共麥子一石八斗，共猪十六口，共鵝卅二隻，共鴨子四十八隻，共雞四十八隻，共秫稭二千四百束，共乾草八百個，共炭一百四十包，共大柴十四車，共麻一百六十斤。這與內務府所屬莊頭，壯丁每年交給主人的額糧，雜物是相同的。內務府所屬莊頭，壯丁是淸初典型的奴隸生產制，他們在法律上是主人的奴隸，在經濟上是主人的佃農，當然這些在莊園內生產的奴隸，與在八旗宗室諸王家中役使的奴隸，「身份」「地位」是相同的。尙可喜子的莊園屬八旗宗室莊園，其莊園內生產者是奴隸，則其他八旗宗室莊園內的生產者亦是奴隸，當無疑問，這與本文第二章四節所述及第三章所記完全相符。又據乾隆三年二月的檔案更可證明八旗宗室莊園內的生產者爲奴隸。

鑲藍旗尙之珆佐領下

王坟祭祀地：八十四日　坐落尙王坟，原册坟丁王成顯耕種。

王坟祭祀地：十八日　坐落于樹圈，原册坟丁王登富耕種。

王坟祭祀地：八日　坐落尙王坟，原册坟丁劉自成耕種。

王坟祭祀地：二百六十四日，坐落石淸青舖，原册坟丁馮國鳳耕種。

王坟祭祀地　二百四日一畝，坐落小馬塘，原册坟丁李雲龍耕種。

王坟祭祀地：一百八十九日三畝，坐落下夾河，原册坟丁梁起鳳耕種。

王坟祭祀地：八十一日二畝，坐落沙河沿，原册坟丁年登科耕種。

王攱祭祀地：六日三畝，坐落沙河沿，原册攱丁何永祥耕種。
王攱祭祀地：一百二十七日四畝，坐落波羅堡，原册攱丁蘇三保耕種。
王攱祭祀地：五十一日，坐落粟子窪，原册攱丁曹貴耕種。
王攱祭祀地：卅日，坐落粟子窪，原册攱丁劉尙文耕種。
尙崇保地：五十三日三畝，坐落尙王攱，原册家人張灶生耕種。
尙崇保地：卅日，坐落粟子窪，原册家人陶連芳耕種。
尙崇保地：五十六日，坐落波羅保，原册家人梁三耕種。
尙崇儒地：廿六日一畝，坐落尙王攱，原册家人林來福耕種。
尙崇儒地：十一日三畝，坐落下夾河，原册家人林灶耕種。
尙崇政地：五十六日，坐落耿家莊，原册家人梁官保耕種。
尙崇、地：卅日，坐落耿家莊，原册家人馮四耕種。
尙崇祿地：四十日，坐落耿家莊，原册家人張連福耕種。
尙崇功地：二十三日，坐落粟子窪，原册家人雙項耕種。
尙崇魁地：六十四日三畝，坐落曾家河，原册家人王四耕種。
尙玉璽地：八十日三畝，坐落水溝子，原册家人蘇子連耕種。

宣義將軍尙之孝坟地：二百四十七日三畝，坐落塔山舖，原冊坟丁賴邦義耕種。

尙義將軍尙之孝坟地：八日三畝，坐落顧氏墓廬，原冊坟丁趙此義耕種。

尙玉林地：九十二日，坐落新屯，原冊家人孔國相耕種。

尙玉林地：五十二日三畝，坐落栗子窪，原冊家人孔國相耕種。

尙玉美地：一百七十六日，坐落大台子，原冊家人劉有富耕種。

尙玉音地：九十四日三畝，坐落岳家屯，原冊家人高昇耕種。

尙玉符地：五日，坐落二道溝，原冊家人周明得耕種。

尙玉符地：卅日，坐落栗子窪原冊家人金三耕種。

尙崇仕地：十八日，坐落劉家峪，原冊家人林雙喜耕種。

由前引雍正九年十二月的檔案，與乾隆三年二月的檔案相對照，則知坐落石清舖坟丁馮國鳳，坐落下夾河原冊坟丁梁起鳳坐落沙河沿原冊坟丁年登科是馮得華、馮國祥、梁國成，年良鄉的親族，因清初「莊頭出缺卽由該莊頭子弟內揀選，如該莊頭子弟內無可承替者，准於家道殷室壯丁揀選」(註二五)。至坐落小馬塘原冊坟丁李雲龍，就是雍正九年十二月小馬頭李雲龍。清初八旗宗室勳臣莊園內的生產者是奴隸，此處又得一證明。又乾隆卅四年八月檔案內關於交河縣地畝檔案。

菜園村

佃戶王珍等共種地一頃零八畝。

每畝租錢二百一十文，共合租錢二十二千六百八十文。

李福大村

佃戶李錫等共種地四十八畝

每畝租錢二百文，共合租錢九千六百文。

西交河村

佃戶賈義共等種地一頃四十四畝七分二厘。

每畝租錢二百廿文，共合租錢三十一千八百卅八文。

田家廟

佃戶田福等共種地一頃五十三畝一分六厘三毫。

每畝租錢二百文，共合租錢卅千六百卅二文。

付家村

佃戶王詔等共種地二頃五十五畝九分四厘七毫。

每畝租錢二百文共合租錢五十一千一百八十九文。

窪裡村

佃戶李景孔等共種地二頃一十八畝一分。

每畝租錢一百五十文，共合租錢卅二千七百十五文。

呼家莊

佃戶彭瑞等共種地一頃七十三畝八分八厘。

每畝租錢一百五十文，共合租錢廿六千八十二文。

姜官屯

佃戶王擔等種地一頃六十三畝九厘五毫。

每畝租錢二百文共合租錢卅二千六百廿文。

以上八村共地十二頃六十四畝九分五厘，共合租錢二百卅七千三百五十六文。乾隆四十年十一月交河縣菜園村田家廟的田畝檔案。

菜園村

佃戶王鳴佩　　一段地廿二畝三分

佃戶王成玉　　一段地四畝二分

佃戶王公明（侄王起）　一段地十一畝五分

佃戶王福聖、王道景　一段地十五畝
佃戶王弼聖、王自勤　一段地四十畝
佃戶王與臣　一段地十四畝
以上共地一頃一十一畝，每畝租錢二百一十文，共合廿三千三百一十文。

田家廟

佃戶田懷玉　一段地田畝
佃戶田　仁　一段地三畝五分
佃戶李　澤　一段地七畝五分
佃戶田良玉　一段地九畝
佃戶田文義　一段地五畝
佃戶田　酬　一段地四畝
佃戶田文興　一段地八畝七分
佃戶馬文祥　一段地七畝
佃戶馬文正　一段地四畝九分
佃戶孫小黑　一段地二畝

佃戶田　曾　一段地三畝
佃戶田輝光　一段地十一畝
佃戶李世榮　一段地七畝三分
佃戶封良桂　一段地七畝
佃戶田　福　一段地九畝
佃戶田　英　一段地十二畝魁五分
佃戶田彩玉　一段地廿畝
佃戶馬文魁　一段地八畝七分
佃戶馬文林　一段地四畝九分
佃戶田加玉　一段地三畝五分

以上共地一頃五十三畝三分，每畝租銀二百文，共合錢卅千六百六十文。菜園村旗地一頃十一畝，佃戶八人，大部耕田十畝以上。田家廟一頃五十三畝，佃戶廿人，耕種十畝以下十七人，他如李福太家莊，甘家村，姜官屯，西交河村，窪兒村，呼家莊等地耕種在十畝以下的佃戶很多(註二六)，周藤先生並引用此年檔案內關於樂亭縣旗地的畝冊，證明清初旗地內大莊園制至清朝中期後崩解，代之而起的是一種小規模的農業經營。這點作者完全同意他的看法，清朝中期旗地內的生產者，既由奴隸生產制，變爲租佃關係，則清初旗地內大規模農業生產的莊園制，自然亦隨之崩解。

（註一）總管內務府現行則例會計司三卷五七頁。

（註二）欽定大清會典事例六百五十七卷一刑部督捕例另戶旗人逃走卽係指住於八旗莊屯內生產的奴隸而言，其詳文見本文第三章三節逃人與旗奴。至諸王府的包衣，其後均編入八旗包衣護軍營，與在八旗屯莊內生產的奴隸，其身份地位有所不同。

（註三）八旗原爲兵制，入關後的八旗勁旅均居於京城內，或駐防各地負捍衞之責，其閑散人等亦居於城內不准隨便外出，至雍正年間所試行的井田，公田制，卽係將八旗閑散子弟送往鄉間屯種田土。

（註四）魏文毅公奏疏一卷六十頁：重農功以資兵力疏。

（註五）皇清奏議八卷一頁：林超龍，順治十一年更定八旗兵制疏。
黑龍江外記六卷二頁亦記奴隸之懶惰，不事生產之事：「將軍（傅玉）見一卒挑菜勤苦，給奴代之，後遇卒問如何？卒曰善，詰其所以然，卒莫能隱，乃曰：某父既扶杖牧豕不自逸，渠猶高臥不下坑也。將軍怒立鞭徙，更給卒以馴良者。又江西王某爲奴於某甲，一日將軍某甲自擔水，問左右，記賞給渠一奴，曰然，然則何不令擔水？曰書生不能也，然則書生但能殺族父乎？立杖王某，徙墨爾根」。

（註六）聖祖實錄一四三卷廿一頁，康熙廿八年十一月。

（註七）聖祖實錄一四四卷一六頁：康熙廿九年正月戶部遵諭議奏：「八旗不能贍養之莊屯人口、窮官、護軍，撥什庫兵等莊屯人口，共二萬二千四百廿八人，每人給米一石。至於孑身寡婦，退甲護軍，撥什庫，及無馬甲，止給一兩錢糧者，其家口及莊屯人口，共六萬三千七百一十九人，每人給米一石，得旨：此等人口，俱應給米糧，可令速給之」。

（註八）聖祖實錄一四三卷廿一頁：康熙十八年十一月。

（註九）清初耕種八旗官莊的奴隸如莊頭，壯丁均給口糧地三十畝，以便養其家人，八旗兵丁家畜有奴隸二、三人，四、五人，六、七人不等（見拙作漢軍八旗的肇建），奴隸之授田畝數，加上本身的田畝最多也不過一、二百畝，（關於授田畝數參副表（三）八旗宗室及畿輔官兵給地表）。當然奴隸授田的規制，是承繼太祖，太宗時在關外所行的「計口授田」規制而發展的。

（註一〇）皇朝經世文編三五卷卅頁，孫嘉淦八旗公產奏疏，其年代雖是乾隆年間旗地發生變化後的事，但清初八旗官兵所得的田畝太少，不宜設莊頭，其道理是相通的，在史料缺少時，不得已引用，並特別註譯於後。

（註一一）同上：卅五卷卅頁。

（註一二）見附表十三，奴典旗地。

（註一三）清朝文獻通考五卷田賦五，頁四九〇〇乾隆五年。

（註一四）皇朝經世文編卅五卷卅一頁，孫嘉淦：八旗公產疏。

（註一五）欽定大清會典戶部戶口十卷卅頁：「凡戶下人隨主出征，有先登得城者，准其出戶，其親伯叔兄弟亦准隨出編入正戶冊」。欽定大清會典事例四八〇卷廿三頁：「康熙卅五年諭：八旗兵丁之家下及從役人等，有能踰營進擊者，作何還本主身價，令其出戶，以示鼓勵，著集議具奏」。欽定大清會典事例四八〇卷廿三頁，康熙十九年，奉旨：「八旗從征奴僕，得一等功牌二次者，准其開戶」。

（註一六）欽定八旗中樞政考八卷二〇頁：「放出家奴出仕限制：乾隆四十八年三月奉上諭，向來滿漢人等家奴，在本家服役三代實在出力者，原有准其放出之例」。

（註一七）總管內務府現行則例會計司二卷廿九頁，壯丁爲民：乾隆四十四年二月奏請准戶部轉咨綏遠將軍咨稱：助馬口外革退莊頭等四名，家屬一四〇餘口，交與該處莊頭名下充當壯丁，現生齒日繁，無力養贍，照例懇請放出爲民等因。

（註一八）清初旗地內的「莊頭」，壯丁均是奴隸，至清朝中期旗地內的莊頭，則不完全是奴隸，有的是攬地分種的地棍，故「莊頭」一辭在清初與清朝中期，其內涵不盡相同，這和本節全文有密切關係，故特別提出。

（註一九）皇朝經世文編三五卷卅一頁，孫嘉淦，八旗公產疏。

（註二〇）樂亭縣志十二卷上九頁，十頁，另有邑宰張敏旗地定規碣，其內容與邑宰施世洪禁止包攬地租碣大略相同，故不另注。

（註二一）戶部則例十卷三頁。

（註二二）清朝文獻通考五卷田賦五，頁四九〇〇，乾隆五年議定取贖民典旗地及旗人下鄉種地之例。

（註二三）見沈家本禁革買賣人口變通舊制議——寄簃文存一卷十五頁。

（註二四）東方學報，東京第十二册之一，昭和十六年五月：清朝中期に於ける旗地の小作關係。

（註二五）總管內務府現行則例，會計司二卷卅四頁：補放莊頭。

第五章　八旗圈地與關外開發的關係

當滿洲入主中原，遷都北京之後，卽將山海關嚴行把守，以譏察往來行人。凡有出關的漢人，必先於山海關道處請領路票，倘不持路票私自出關者，則按律處問。路票之票面，除載本人姓名，籍貫，職業及所住的地點外，並附記應繳稅額，其大體每票一張，應納制錢一七文，待到達目的地，旅行之業務終了時，還回山海關，仍將路票繳回山海關道。山海關門之上，懸有天下第一關之匾額，並揭有禁遏漢人之法令，此種法令，卽在柳條墻之各條門，亦一律適用，此卽一般人所謂清初對關外所施行的封禁政策。考清初之「封禁」，在太祖時卽開始，但太祖，太宗却瘋狂的搶掠遼東一帶漢人至關外開墾，世祖入關後乃有所謂「封禁」，但順康年流徙人犯謫戍關外的却很多，這與禁遏漢人至關外之法令，實相違背。蕭一山先生在其清代東北之屯墾與移民一文中，曾特別解譯「滿洲封禁之意義」，並指出「淸初滿洲封禁並非包括東三省全部，而封禁之意義，亦不在限制人民墾殖」。其封禁之區域，大約有三種，一曰採蔘之山場，二曰捕珠之河流，三曰圍場與牧羣；此三者，皆因天然物產之關係，政府劃定禁約處所，不許人民闖入，設卡稽察，勒有定章(註一)。稻葉君山氏謂這種封禁政策之實行，完全爲經濟動機，卽嚴漢人私自出關偷掘人參(註二)。就作者現在所搜集的史料來看，清初不但不限制漢人出關開墾，並有招民開墾關外之明令；不止漢人出關要路票，卽滿人出關入關也要待路票檢查後才准放行，旨在嚴防不肖之人偷掘人參，運至關內變賣謀利。如「山海等關搜查不力，以致私帶參過關進口，並偷過威遠堡等邊柵者，該管官及將軍都統副都統，並巡查兵丁等，均按其失察偷越斤兩，照例分別議處」(註三)。八旗參山之分佈界限分明，不准踰越(註四)，採掘人參的時間也有一定，不能隨時掘採，楊賓的柳邊記略，曾記滿漢出入山海關的情形：

「凡出關者，旗人須本旗固山額眞送牌子，至兵部起滿文票；漢人則呈兵部，或隨便印官衙門起漢文票至關；旗人赴和敦大北衙門記檔驗放，或有漢人附滿洲起票，冒苦力等輩，至北衙門亦放行矣。進關者如出時，記有檔案搜驗參貂之後，查銷放進，否則漢人赴附關衙門起票，從南衙門驗進，旗人赴北衙門記檔卽行。蓋自外入關，旗人便於他時銷檔而出，不必更起部票也。至於人參，惟朝廷及王公歲額所入，餘皆不得入，入者死，是以參賈不敢公行，向賂守者，或夜踰城而入，或晝壓草車，糧車詐入。康熙己庚年間，天子屢責守關使，或死或徙，賂不行，乃從他口入，亦有泛海自天津、登州來者矣(註五)」。

因要路票才能出關一事爲國人所誤解，不探求史實眞象，遂遽耳斷言，清初之「封禁」是不准漢人出關，實失治學之基本態度——懷疑精神。作者不揣鄙陋，願就現有史料，對漢人開墾「東北」的時代背景，作一概略的說明。至有清一代移民屯墾「東北」的情形，因蕭一山先生曾作詳細的說明，爲免重複起見，不再敍及。本文主旨在敍述清初招民開墾關外，並徙罪犯至關外的時代背景。

（註一）學術季刋第六卷三期，淸代東北之屯墾與移民——蕭一山先生並在附言中特別說明，所謂封禁並非只限於東三省，他如浙江、察哈爾、江西、臺灣均有局部的封禁區。總之，滿洲之封禁，爲局部的與相對的，其封於民墾事業，則有禁等於無禁，及時勢的變遷，移民日衆，向之所謂封禁者，亦逐漸被侵佔而開放矣。

（註二）滿洲發達史第九章：滿洲之封禁及價値——稻葉君山。

（註三）欽定八旗中樞政考二二卷三九頁：搜獲參珠。

（註四）柳邊紀略三卷五十頁記八旗參山之分佈：鑲黃旗參山曰黑拉木、日馬家、肥牛村、牛哈爾哈、色欽、趙家、厄兒民河、哈兒民河岡、佟家河、拉哈多布庫河、牙兒渣河、採捕山曰波拉活河、一而門、呼藍、馬哈拉。其餘正黃、正紅、鑲紅等旗亦皆有參山及採捕區（文長，不全錄）。

（註五）柳邊記略一卷七頁。

（一）順、康年間關外的開墾

順治年間，從龍入關的八旗宗室勳臣與士兵自盛京帶來了許多奴隸。這些奴隸原係滿洲在遼東、山西、直隸、山東一帶搶掠去的人口，入關後在主人的莊園內當莊頭，壯丁耕種新獲的土地。八旗宗室勳臣士兵原先在盛京，遼東的「莊」「屯」，即無人耕種，漸至荒蕪。順治十八年，奉天府尹張尙賢上「謹呈奉天形勢疏」，曾詳述關外的情形：

「臣叨任奉天，在遼言遼，備陳盛京形勢，自興京至山海關，東西千餘里，開原至金州，南北亦千餘里。又有河東，河西之分：以外而言，河東北起開原，由西南至黃泥窪牛莊，乃明季昔日邊防；自牛莊由三岔河，南至蓋州、復州、金州、旅順，轉而東至紅嘴、歸復黃骨島、鳳凰城、鎮江、鴨綠江口，皆李明昔日海防，此河東邊海之大略也。河西自山海關以東至中前所，前衞後所，沙河、遼遠、東山、塔山、杏山、松山、錦州、大凌河、北面皆邊，南面皆海，所謂一條邊耳！獨廣寧一城，南至閭陽驛、拾山站、右屯衞、海口相去百餘里；北至我朝新插之邊，相去數十里；東至盤山驛，高平，沙嶺以三岔河之馬圈，此河西邊海之大略也。合河東、河西之邊海以觀之：黃沙滿目，一望荒涼，倘有奸賊暴發，海寇突至，猝難捍禦，此外患之可慮者。以內而言，河東城堡雖多，皆成荒土，獨奉天、遼陽、海城三處，稍成府縣之規，而遼海兩縣仍無城池，如蓋州、鳳凰城、金州、不過數百人。鐵領、撫順、唯有流徙，不能耕種，又無生聚，隻身者，逃去大半，略有家口者，僅老死此地，實無益於地方，此河東腹裏之大略也。河西城堡更多，人民稀少，獨寧遠、錦州、廣寧、人民輳集，僅有佐領一員，不知料理地方何如？此河西腹內之大略也。合河東、河西之腹裏以觀之：荒城廢堡，敗瓦頹垣，沃野千里，有土無人，全無可恃，此內憂之甚者！臣朝夕思忖，欲弭外患，必當籌劃隄防，欲消內憂，必當充實根本，萬年長策，不可不早為之圖也」(註一)。

遼河東西自太祖，太宗俘掠漢人開墾以來，良田遍野，屯莊林立（見本文第一章：入關前的旗地發展過程），何至於「荒城廢堡，敗瓦頹垣，沃野千里，有土無人」的荒涼景象？此實世祖遷都北京之際，滿洲的軍隊，人民亦陸續東來之緣故！(註二)。滿洲人出征作戰，是爲了搶掠財物，今既侵入物產豐富的中原，滿洲人豈肯放棄此大好搶掠機會，不從龍入關？何況又可授與房地？故滿洲人以入居關內爲樂事，而朝廷爲了捍衛天下根本重地的京師，也鼓勵滿洲人入關，八旗圈地卽由此而起（見本文第三章一節），河東、河西「沃野千里，有土無人」卽由旗人及其家奴紛紛入關所造成。順治十年，有招民開墾遼東的諭令：凡能招民一百或五十名以上者移居滿洲，授文武官職；其移民之旅費，食糧，牛具，全由國庫供給(註三)。這種懸爵招民的優厚待遇終因滿洲入關的種種暴行，使漢人畏懼，視關外爲虎穴，而關外的氣候寒冷，也是漢人裹足不前的主要原因。順治年間招民開墾關外，既無多大成效，故順、康年間將犯罪的人流徙關外，寧古塔尙陽堡等處，給駐防八旗官兵爲奴，以充實滿洲發祥盛地。謝國楨先生在清初流人開發東北史中，曾歸納清初仕大夫流徙遼左的五種原因：

㈠：順治丁酉科場獄案：自從順治入主中國，已經有十餘年，河北、江南的仕大夫，稍稍出來應試新朝。又因科場通關節的緣故，加以罪名，致遭慘禍，流徙遼左，吳兆騫、孫暘、都是這一案的人物。

㈡：清初通海案：當清順治間，雖然平定中原，但在黔滇一帶永曆尙抗守南服，鄭成功蟠踞臺灣。在順治十八年間，張煌言和鄭成功的兵，直窺鎭江，遠及蕪湖太平。當時江南人民欣欣望治，及事平之後，遷怒士民，誣以通海之罪，若祁理孫，楊越之謫戍遼海，就屬於這一案。

㈢：平定三藩案：三藩旣平之後，凡附屬與三桂的滇人，悉配戍於尙陽堡；凡與三藩通謀之人若陳夢雷、金鏡、田起蛟、李學詩、俱從寬免死，給發披甲新滿洲爲奴。

㈣：清順治間之朋黨案：清初滿漢本不融洽，滿洲人與滿洲人爲黨；而漢人，北人與南人各自爲黨，馮銓爲北人之黨，陳名夏、金之俊、陳之遴爲南人之黨，彼此攻奸，名夏被誅，之遴之謫戍遼左，卽屬於這一這類。

㈤：雍正年間年羹堯，隆科多獄案：自從康熙廢立儲君，雍正入繼帝位，不久就有年羹堯和隆科多獄案發生：隆科多禁錮終身，其子玉柱發往黑龍江當差，門生故吏，若汪景祺、査嗣庭、被罪論斬，妻子兄弟發往寧古塔爲奴，就屬於這一類(註四)。

其實清初流徙關外者不止士大夫，凡犯罪如竊盜，搶刼，殺人，窩逃等免死重犯，均流徙關外(註五)，更是耐人尋味的事。魏琯曾上奏「祈皇上格外開恩，凡窩(逃)主已故者，家口免其流徙」(註六)，他本人卽因此獲罪，流徙寧古塔。清初不止將罪犯流徙關外，順、康年間因戰難或天災而乞食於直隸的流民，被遣送至關外安插的，亦復不少。王益明因見懸爵招民「究竟所招不多，生聚無幾，開墾未廣，名器徒輕」（註七），乃於順治十四年上「全地利重根本疏」，將盛京比之明的南京：「明洪武都金陵，永樂遷北平，以金陵爲南京，雖各功臣隨遷于燕，而所賜田產，皆委家人莊頭在彼耕種，收穫租糧，供送本主，原非馨國而遷置舊都於偏廢也。我朝定鼎燕京，則遼陽發祥之地，實尤昔之南京也」（註八）。他所提出的具體辦法是仿明初之制：「將遼陽等處田地，酌量分給功臣之家，令其委託家人莊頭耕種收穫，供送彼主。彼之地利既熟，而辦種必饒，又無煩司農之籌劃者。況八旗兵丁，加以連年水患，戶部議給𢇲糧，公私兩受虧耗，孰得孰失，明白易見。至於近畿之地，圈給八旗，朝廷雖有撥償，恐難盡如原數？臣愚之計，莫如卽將遼陽所屬餘地，查數撥補，有力之家不妨多給，在畿民無失業之慮，不獨無地而有利，在朝廷少拋荒之患，亦可因地而得民，較之近日懸賞招徠，其間容易繁難，相去逕庭矣！且旗下舊人常言關東土地肥饒，可惜拋荒，無人耕種。由此觀之，諒亦臣民之所樂行者，此所謂厚功臣收地利之一也」（註九）。

順治十年招民開墾關外，招民之不繼，乃以流民，罪犯安置盛京，旨在「塡實畿輔」，「充實根本」，誠如王益明所言：「臣思祖宗陵寢所在，王氣攸鐘，實爲重地，若不預爲防患，則濱海地方，一旦賊𦄂飄忽而至，其何以應之？臣愚以爲，自山海以東，凡大小衞所城池，俱當建置郡縣，設立防守，拱護朕屬，生聚教育，在此一舉，此所謂重根本備海防之一也」（註一〇）。但以「衙蠹罪犯，徙發遼陽，實非善策」，王益明、龔鼎孳、魏裔介等對將犯罪人流放盛京，均表反對。魏裔介在其講律令以清刑罰疏：

「盛京爲發祥之地，固不必安置流人，而寧古塔之地，臣聞之爲遠嚴寒，多有冰雪，海氣昏霧，日色罕見，至其地者九死一生——請祈敕該部，將遼東各城，擇其罪之輕重，量遠近而流之」(註七一)。

大抵清初流徙的罪人，最初不過充軍到瀋陽，後來由尙陽堡到寧古塔，最後乃發遣到黑龍江，齊齊哈爾等處。瀋陽爲清之盛京，自然比別的地方安適，至尙陽堡，寧古塔等地，愈往北愈爲荒涼。但關外之再度逐漸開發，要到康熙八年諭令畿輔禁止圈地後。康熙九年「以古北口外地撥與鑲黃旗，正黃旗，羅文谷外地，撥與正白旗，冷口外地，撥與鑲白旗，張家口外地，撥與鑲紅旗，鑲藍旗」(註七二)。康熙十八年，定分給新滿洲奉天地畝例戶部議准：「奉天熟地畝撥新滿洲耕種，恐有未便，今更定兩便之法：東自撫順起，西至寧遠州，老天屯，南至蓋平攔石起，北至開原縣，除馬廠，羊草地外，實支出卅二萬九千四十九頃卅畝，定旗地(合四六〇五三八〇晌)廿七萬六千三百廿二頃八十畝(民地八七八七七五晌)。新滿洲遷來，若撥種豆地，每晌給豆種一金斗，撥種穀米粘米高糧地，每晌各給種六升。旗人民人無力開墾荒甸，反復霸佔者，嚴查治罪」(註七三)。康熙十九年七月盛京戶准侍郎塞赫等所請：「察過未墾荒地，荒甸一五四七六〇〇餘晌，內除皇莊畏馬打草地二二四〇〇餘晌，仍有一五二五二〇〇晌，應照侍郎塞赫等所題，將此地畝註冊，有民願開墾者，州縣申報府尹給地耕種徵糧；若旗人有力願開墾者，亦將人民地數呈部註冊；若自盛京移往官兵，當差及安莊人等，有將在京地畝退還交部，願領盛京地畝者，將彼處旗人墾過餘地，並未墾地畝之內，酌量撥給」(註一四)。「康熙廿五年以錦州、鳳凰城等八處荒地，分給旗民開墾，給以耕牛及口糧農器」(註一五)。故盛京之再度逐漸開墾，要到康熙八年畿內禁止圈地以後。今錄盛京通志所載旗地畝數如下。

地別	順治年間原數	康熙卅二年丈量數	雍正五年丈量數	備考
興京	二、四四一晌	六二七、八四一晌	一一六、二四〇晌	
奉天	二五八、九三七	二、一七四、四八四晌	三、六二二、七一五	
開原	一一、六六七	八〇、四一八	二、〇七六、三八四	
鳳凰	七、五九〇	一八、二八五	三五六、八八一	
蓋平	一六、二七四	二八、六六七	七四、五一八	
金州	五、一五〇	一六二、〇二三	五五一、六四二	
牛莊	二八、一一四	五、八八、〇四二	一、四〇八、九七五	
廣寧	二三、〇七八	一、六三五、六七二	三七六、〇六四	

義州	三三、〇五二	八六七、四〇二	一、六〇七、三九五
錦州	二九、九三八	一、一三一、五四三	一、八三三、三二五
山海關	二六、八五六		
遼陽		一六四、八〇一	三五三、一二八
熊岳		二一九、七一三	五六、七二一
復州		一四〇、一六三	二七、九八六
岫巖		一二一、二二三	三五七、七四三
寧遠		一二六、四五一	一、九五〇、八九二
共計	四四二、〇九七	一一、六七五、四四五	一三、六七八、〇四四

據上表可知旗地逐漸開墾康熙間較淸初增多二倍有半，雍正間又增多廿萬晌。盛京一帶荒地的開墾，當然和山東直隸一帶人民流入有關。觀康熙五十一年四月的詔諭，可知關外之再度開墾，以樸質勤勞的山東人爲主力：

「山東民人，往來口外墾地者，多至十餘萬，伊等皆朕黎庶，既到口外種田生理，若不容留，令伊等何往？但不互相對閱查明，將來俱爲蒙古矣！嗣後山東民人，有到口外種田者，該撫查明年貌，籍貫，造冊送稽察。由口外回山東者，亦查明造冊，移送該撫對閱稽察，則百姓不得任意往返，而事亦得清釐矣」(註一六)。

奉天在順治十八年仍是「沃野千里，有土無人」的荒涼景象，至康熙廿八年「以盛京旗民日增，較前稠密，事繁員少添設刑部郎中二員，員外四員，筆帖式十四員」(註一七)。證之上表，可知關外再度開發之迅速。柳邊紀略云：陳敬依謂余曰：「我於順治年間流寧古塔，尚無漢人，滿洲富者緝麻爲寒衣，擣麻爲絮，貧者衣麞，鹿皮，不知有希帛，有之自余始。予曾以疋布易稗子，穀三石五斗，有撥什庫某，得予一白布，縫衣元旦服之，人皆羨焉！今居寧古塔者，衣食粗足、則皆服綢緞，天寒披重羊裘，或猞猁猻，狼皮打呼，貧者仍服布」(註一八)。高士奇扈從東巡日錄，對關外旗民的生活，亦有概略的敍述：

「三月播種，八月獲刈，蓋三月以前，地凍未開，八月以後，隕霜殺，計于耜與滌場之時不過四月有餘，不施糞溉，不加耕耨，可足終歲之用，土膏肥沃可知。虞村居人二千餘戶，皆八旗壯丁，夏取珠，秋取蔆，冬取貂皮，以給公家王府之用，男女耕作，終歲勤動，亦有充水手，挐舟漁戶捕魚，或入山採樺皮者。其食甚鄙陋，其衣富者不過羔裘，紵絲細皮，貧者惟麤皮及猏犬，獐鹿，牛羊之皮，間有以太魚皮爲衣者」(註一九)。

(註一) 皇清奏議十六卷二頁張尚賢，謹呈奉天形勢疏。

(註二) 韃靼漂流記：並參本文第三章：旗地內的奴隸生產制。

（註三）盛京通志戶口志卷二三：「順治十年定例，遼東招民開墾至百名者，文授知縣，或授守備，六十名以上，文授州同州判，武授千總。五十名以上，文授縣丞主簿，武授百總，招民較多者，每百名加一級。所招民每名月給糧一斗，每地一晌，給種六升，每百名給牛廿隻」。

（註四）清初流人開發東北史——謝國楨。本書中錯誤之處甚多，作者因篇幅限制，不擬一一指出，但謝先生能注意流人開發東北一事，已是難能可貴了。

（註五）關於將罪犯流徙東北一事，大清會典事例刑部，與大清律例通考均有明文規定，爲不使本題牽涉太遠，故不擬一一討論。

（註六）欽定大清會典事例刑部，六五七卷，順治十一年定例（關于逃人問題請參見本文第三章三節）。

（註七）皇清奏議十卷一四頁：順治十四年，請定遼陽規制疏——王益明。皇朝經世文編三五卷亦載王益明奏疏，與皇清奏議十卷十四頁所載相同。

（註八）同上。

（註九）同上。

（註一〇）同上。

（註一一）魏文毅公奏疏一卷六一頁。

（註一二）聖祖實錄卅卷十頁康熙九年正月，並參見本文第一章。

（註一三）同上：八七卷一八頁，康熙——十八年十二月。

（註一四）同上：九一卷十二頁，康熙一九年七月。

（註一五）清朝文獻通考卷五，田賦五盛京官莊。

（註一六）聖祖實錄二五〇卷一八頁：康熙五十一年四月。

（註一七）聖祖實錄一四〇卷一九頁：康熙廿八年三月。

（註一八）柳邊紀略三卷五十七頁。

（註一九）扈從東行日錄卷下七頁——高士奇。

（二）乾、嘉年間關外的開墾

乾、嘉年間爲旗人籌生計者，多主爲旗人置恒產：他們一面主張將旗人典賣的土地由公家動帑贖回，賜給原主，再分年限扣其俸餉，一面又主張移旗人於關外開墾荒地。

乾隆二年御史舒赫德疏言：

「夫旗人之所賴以爲生者，惟有房地，別無他項。若房地不充，雖百計以養之，究不過目前之計，終非久遠之謀……伏思盛京，黑龍江，寧古塔三處，爲我朝興隆之地，土脈沃美，地氣肥厚，聞其間廣處甚多，概可開墾。雖八旗滿洲不可散居地方，而于根本之地，似不妨遷移居住；且八旗之額兵，將及十萬，復有成丁閑散數萬，老羸者不在內，若令分居三處，不惟京城勁旅原無單弱之虞，而根本重地，更添强壯之卒，事屬兩便。由是京師及三處地畝，均匀攤給，務使家有恒產，人有恒心，然後再敎以儉樸，返其初風，則根本綿固久遠可計矣。——請密飭三處將軍等，令其踏勘所屬地方，其爲可墾之處，應得若干地畝？可住若干兵丁？作何建造城堡房舍？有無禽魚水泉之利？逐一審度，據實俱奏。俟准行之後，廣募民人擇地開墾，其無力者，官給牛具籽種，而不遽行陞科。俟地既熟，果有收穫，即動帑建造城堡，以居民人商賈。該將軍量度情勢，如爲其人可以遷往者，卽奏聞動帑，酌定移往人數，一面改造房屋，分定區宇，然後自京派往，俟到彼時，卽將所墾之地，按戶攤給，或卽仍令民人耕種，交租給兵。則旗人不過有一往之勞，而較之在京，已得世世之恒產矣。——臣請以十年爲期，將前項事件，次第舉行，將見滿洲生計日增一日，仍復其初，廉恥之風既振，强幹之氣自生，綱紀益張，根本益固，然後更爲因時制宜，則久遠之謀，更在如是矣」。(註一)舒赫德乾隆二年的奏疏不止是解決旗人生計問題的最佳途徑，且爲綿固根本，充實邊防的良法。其廣募人民擇地開墾關外，然後移八旗至關外，將所墾之地，按戶擬給的辦法，也爲以後開墾關外的藍本。乾隆五年御史苑咸復上治邊屯田疏：

「目前所尤宜急籌者，莫若滿洲八旗之恒產……臣夙夜思維，以今日欲爲漢洲八旗立恒產，惟有沿邊屯田一法。——遼東邊外，原爲我國家發祥之地，與京一處，似宜建爲都會，擇可墾之地，徙旗人前往駐牧。其餘如永吉州，寧古塔，黑龍江幅員不下四、五千里，其間地畝，或僅設爲牧場，或且廢爲閑田，亦甚可惜」(註二)。乾隆六年梁詩正又上敬籌八旗變通之法疏：

「竊謂內地已無閒廣之田，而邊塞尙有可耕之土，興盛二京，實爲根本之地，王氣所鍾，其附近地方，膏腴未盡開闢。欽惟世宗憲皇帝、運獨見之明，計萬世之利，念旗人生齒日繁，而國帑不足以給也，欲於黑龍江寧古塔等處，分撥旗人居住耕種，俾得自爲生養。雍正十二三年間，聞查辦已有定議，未及舉行。我皇上御極以來，廷臣亦屢有以此條奏者，惟事可與樂成，難於慮始，在旗人生長輦下，一旦遷至此地，必以爲不便，即中外臣士，見事體重大亦未敢輕主其說，此所以常杆格而不行也……若慮事有難成，不及時早爲之圖，雖現在尚可支給，而數十百年之後，旗戶更數十倍於今，以有數之錢糧，贍無窮之生齒，使僅取於額餉之內，則兵弁之闕支，不足供閑散之坐食？旗人之生計日蹙，而民賦斷不可加，國用無可減縮，即竭度支之所入，以資養贍，而終苦不敷，不且上下交困乎？……惟有酌派戶口，散列邊屯，使世享耕牧之利，而以時講武，兼以充實邊防，則蕃衍之餘，盡成精銳；陪京增拱衛之勢，外藩仰震疊之威，旗人各有生聚之謀，國帑自無匱乏之慮矣」(註三)。

除舒赫德，梁詩正、范咸等大臣外，尙有架朝生、胡蛟齡，赫泰等都主張開墾關外閑地，不但可解決旗人生計之困窮，且可塡實根本，鞏固國防。於是淸廷派大學士查明阿查勘三省可耕之地，經議政大臣議以拉林阿勒楚喀距船廠甚近，請先於該處移駐滿洲一千名屯墾，俟有成效，由近而遠，漸次舉行。移駐者每戶給地三頃外，有閒荒，聽其招佃開墾，官給車馬牛種，約百餘金。自乾隆九年籌辦起，至十九，廿五年始移駐就緒，並專設拉林副都統以稽察之(註四)。其後（嘉慶十七年）松筠之招丁試墾大凌河牧廠，嘉慶十九年將軍富俊之開墾雙城堡均是爲旗人置恒產，因天地自然之利解決旗人生計困窮的一種措施。富俊因鑑於乾隆年間「新移京旗蘇拉，往往不能耕作，始而雇覓流民，代爲力田，久之多爲民有，殊失我皇上愛育旗人之至意」(註五)，故於嘉慶十九年任吉林將軍後卽提出移京旗開墾吉林的具體辦法：

「此時預籌試墾，莫若先屯田，通盤合算，應請於吉林所屬，無業閑散旗人內，令各旗共擇丁一千名，出結保送屯丁。每丁由備用項下，給銀廿五兩，官爲置賣牛具，自行搭蓋窩棚，由阿勒楚喀公倉內，賞籽種谷二石，每年給倒斃牛價銀一千三百卅六兩；於前勘定拉林東南夾信溝地方，每名撥給荒地卅晌，墾廿晌，留荒十晌，試種三年後，每年交穀糧一石。計自第四年起，交糧貯倉，十餘年後，移駐京旗蘇拉時，將熟地分給旗人十五晌，荒五晌，所剩熟地五晌，卽給原種之屯丁，作爲恒產，免其交糧，亦不補給倒斃牛價。如此因利而利，並不多糜國帑，吉林窮苦旗丁，獲沐殊恩，卽將來京旗蘇拉移駐到吉，得種熟地與本處旗屯衆丁，犬牙相錯，易於學耕夥種，殊於移駐有益，不致僱覓流民代耕，啓田爲民佔之弊」(註六)。

松筠，富俊之移京旗開墾關外，「因天地自然之利，使旗人自耕爲養」的措施是成功的，至同治年間「旗民歲餉不支」相與安坐待斃時，「數公謀國之苦心，至今日始見其效」(註七)。

乾、嘉年間關外的墾殖雖著成效，但他們所提出的辦法，是先募民開墾荒地，然後再將熟地分給旗人，旗人「衣租食稅」，仍處於被漢人豢養的地位，故至淸朝晚期關外的旗地又大半屬於民人(漢人)。其後關外的開墾，或在淸廷鼓勵下，或因天災人禍，與關外接近的直，魯、晉省人民，紛紛流入下，默默進行。至光緒年間，國勢日蹙，俄人勢力日起，直接威脅關外，於是清廷移民實邊的政策，更加積極。在有清統治中國二百六十餘年間，旗人之入關，漢民之出關，往返交替，實是一種民族大遷徙，大融合，中國的文化與生活方式，也隨着民族大遷徙的浪潮，而深入滿洲的腹心，使東三省「名至實歸」，成爲中國領土的一部份。據日本人編的滿洲通志（第六章一六五——六頁）云：

「滿洲支那住民，率自支那北部山東、直隸、山西三省移來，該地方不但與滿洲，有直接的關係，其人口比較他地爲最多。

滿洲者，自人種方面論之，熾旺之漢族，携固有文化而來，以其壓倒此地方。而滿洲之南部，及中部之一部分，文化程度，與支那本土，相距不遠，將來其他地方，亦必由漢族之膨脹，化荒野而爲美麗的庭園，漸達於旺盛之域。

遭生場中之陶汰，棄故鄉而來之支那人，當時雖蒙許多的困難，不得不出蠻力以格耳。及經歲月，則彼等以勤勉不拔之精神，吸集資產於一身，依其資材微小之村落，亦設立學校，自精神同化滿洲人；大而言語，宗教，小而尋常動作之末節，順其然，而彼等已盡入於同化之域。

現在全滿洲人之大小商業，無一不歸於漢族掌握之中，田土亦然。農業殆皆成於漢族之手，客店及建設等亦爲漢族所操之」

東三省之居民以直，魯、晉三省爲最多，而三省之中考其原籍，似有十分之八、九爲山東，間有十分之一、二爲河北等處之人，（以上所引，均出自蕭一山先生：東北之屯墾與移民）。

（註一）八旗文經廿七卷七頁：舒赫德八旗開墾邊地奏。

（註二）皇淸奏議卅六卷：乾隆五年，范咸，請行沿邊屯田之法疏。

（註三）皇淸奏議卅七卷五頁。

（註四）吉林通志卅一卷下，嘉慶十九年將軍賽冲阿奏。

（註五）吉林通志食貨志卷卅一下富俊奏。

（註六）吉林外紀卷十，嘉慶十九年富俊奏。

（註七）湖南文徵卷五二紀十三，孫鼎臣記嵩燾附議於後。

第六章 總結

太祖於攻下遼陽後，爲了籌餉與積糧，乃諭令計口授田，把搶掠，俘獲的人，投之於農業生產，因建州女眞地狹民貧，軍隊無糧餉(註一)。這種計口授田的政策，不但解決了糧餉問題，也是建州女眞勢力日漸壯大，膨脹的主要原因。入關後的滿人，仍本着這種搶掠的觀念，將近畿五百里內前明皇莊，公地，民地，圈給東來的勳戚功臣將士；但授田的多寡照官階，非復如在遼東時，按戰功先分給人口，再計口給地；但家奴，壯丁仍分給口糧田卅畝，故順治年間有大批的滿洲奴隸從龍入關，他們除了跟隨主人作戰外，大部份在主人的莊園內爲莊頭，壯丁，耕種新獲之土地；另有一部份奴隸、則是近畿一帶農民，當房地被圈後，爲生活所迫，投充旗下爲奴的；更有一些刁頑狡滑之人，投充旗下，藉旗人名色，爲害鄉里；順、康年間爲害地方最大的，就是這些狗仗人勢，狐假虎威的旗奴。因有大批的旗奴跟隨主人入關，而原先在關外的旗人莊田，遂漸荒棄，故順、康年間又募民開墾關外，甚至將罪犯流徙盛京，寧古塔，黑龍江給貧兵開墾荒地，以塡實滿洲發祥盛地。

由於圈地後用奴隸生產，旗人坐享其成遂漸養成一種依賴性，復以奴隸之逃亡，旗人生活奢侈，人口增加，故造成旗人生計日益困窮。故自康熙廿、卅年起，清廷解決旗人生計的方法，是賑濟，賞賚，而忽視使「人人自養，而後可以無不養」的根本問題。乾隆不惜動用帑藏爲旗人贖地，並開墾關外的荒土，旨在爲旗人置恒產，略有一點「因天地自然之利以養旗人」的性質，奈旗人依賴成性，喪失謀生能力，不農，不工，不商，清廷費盡苦心，爲旗人置買恒產，最後仍爲生活所迫，典賣給漢人。至光緒年間，旗人在近畿圈佔的田土，除官莊與宗室莊園外，幾全部典賣給漢人(註二)。滿人入關，漢人至關外開墾，實是滿漢民族的大遷徙，大融合，漢人同化滿州之澈底，其遠因實肇始滿州人搶掠人口。

至旗地內的奴隸生產制，自康熙廿、卅年旗人典賣田土起，已逐漸由租佃關係所代替。此固由於小規模的農業經營，用奴隸生產不划算；而貨幣的流通，交易的便利，也促使旗人自動解放奴隸，將田土交給「佃農」耕種，坐收銀兩。而諸王貝勒等莊園內的奴隸生產制也隨着這一轉變，逐漸也由小規模的農業經營所代替。奴隸之解放，莊園制之崩解，以乾隆朝爲分水嶺。其後清廷爲旗人生計所作的種種措施，仍徘徊於賑濟，賞賚之間，忽視旗人自謀生計的問題，養成旗人不事生產的惰性，故辛亥義旗一舉，旗人毫無抵抗力，迅速崩解於無形，其因亦在此。

(註一)　太宗實錄天聰七年：「戶部貝勒德格類奏聞，乃集漢軍宣諭；有云：「我國土未廣，民力維艱，若從明國之例，按官給俸，勢有不能，故計功給了，一等功臣應得千丁，其餘依次遞減。……

(註二)　自順治元年開始圈地，至康熙廿四年間，共圈去田土略卅萬餘頃，至光緒年間剩四五六三〇頃(見附表十三)。

附表十三 光緒年間旗地民地對照表

縣名	原圈旗地	實剩旗地（頃畝分）	原額地畝（頃畝分）	額內額外地畝（頃畝分）	剩地畝（畝頃分）	歷年開墾地畝（頃畝分）	原圈地與實剩旗地之比例
大興	九九三·八二·三	二五八·三三·七	一、九〇九·六三·七	一、七九四·七四·一	九九·三三	一、六九五·四一·二	投充在內 二五·九%
宛平		二二四·四〇	三、二七二·五六·五	一、三六四·一七·七	二五六·二七·七	一、一〇八	
通州	四、二二三·七四·一	七二六·六三·三	七、四三九七七	二、〇二六·五五·九	七四·一二·三	一、九五三·四三·七	一、四四八·五七·七 一七·一%
三河	七、三一九·三三·八	二、〇五九·二一·一	六、三二七·七四·九	二、九五四·八五·六		二、九五四·八五·六	投充在內 三八·六%
武清	二、三二一·〇〇·一	一、四三五·四一·七	二、六二五·九四·七	六、〇六〇·二四·九	四〇·九四	六、一〇九·三一·九	六六·一%
寶坻	四、四一七·三六·八	一、三八二·七四	六、八九〇·六四·七	四、〇六〇·五四·九	五七·九五·四	四〇〇·二五九·三	一、五一五·三二·三 三一·三%
薊州		一、六一七·五〇·七	四、三四八·六八·七	四、五一〇·七一·三	七〇·三六·九	四四、四〇七·四	
香河		四一九·二〇·五	三、一六二·一四	一、六三五·三一·五	六八·八四	一、五六六·四七	
寧河		五二·二五·六	一、九〇一·六七·三	三、一九〇·二四·一九		三、一九〇·二四·九	
霸州		四〇·六六·四	二、六七八·一八·九	二、六三〇·四七·三	三五八·一三·九	二、二七二·二三·四	
保定		四一·六五·七	五五五·三三·三	三七七·二四·七	二〇六·四六	一七〇·七八·七	
文安	一、七四六·八一·二	六五七·一四·六	三、七六六·六六	三、五五八·一一·三	一、五六一·八〇·四	一、九九六·八〇·四	八五·九四·八 三七·六%
大城	三一八·五五·一	一一三·一五	八、三〇五·一三·六（小畝） 二、七六八·三七·二 一、七六七·五·一（大畝）	二、三九七·四四·八	一、三二七·一七·二	一、〇七〇·二七·六	三五·五%

固安		五三〇·三六·九	四、八八一·七六·七	九三一·一五·五	三五七·七五	五七三·四一		
永清		七七七·一六·八	五、二六二·四九·四	二、二四四·九	三八六·七四·七	一、八五七·二六·三		
東安		九二〇·三〇·三	三、二四二·八四·七	三、六五九·六八·四	四九三·九五	三、一六六·五八·九		
良鄉	二、九一八·二四·三	一八〇·七三	二、九一八·二四·三	一、八五三·二五·四		一、八五三·二五·四	投充在內	六·二%
房山	七六四·一九·三	二一三·四四	一、七六七·三七·三	五五八·六六·一	三七五·三二·八	一八三·三三·三		二七·五%
涿州		六四八·六一·二	五、二七三·三三·三	一、一〇三·一六·七	五、九九四·八九·五	五〇七·二七·三		
昌平州		三五八·五	二、八八八·七〇·三	一、二六九·六四·一	二·一七一	一、二六六·八七·〇		
順義	一、九一五·九五·一 二、四〇七·八一·五	八〇一·二七	三、一八六·六四·三 二、四八六·八八·五	六四九·八二·九		六四九·七八·八		四一·八%
懷柔	(康五年) 一四五·三六·三	一七三·八二·九	一、三九二·二三·一	一六九·九·四	一一六·一一·五	五三·九七·九		二三·二%
密雲		二三〇·八七·四	二、七三三·四三·三	六〇一·八二	二五·二五·六	五七六·二九·四		
平谷		一三六·二六	一、一二四·三〇·六	五九六·三九·一	五四·九四	五四一·四五·一		
盧龍		四一·四·六	一、六六五·五一·六	二、六五六·四六·三	一、四一三·二六·三	一、二四四·二〇		
灤州	七、六八五·一九·一	三、〇一八·五六·九	八、七四九·六八·四(上地)	四、一六一·七四		四、一六一·七四	圈投撥補	三三九·二%
遷安	一、一三一·三·二〇	三三九·二九·二	二、三一五·四一·三	三、〇九三·九一·五	九〇八·五〇四	二、一八五·四一·二	八五一·七五·二	二九·九%
撫寧		一三·二五·九	二、六五七·八八·八 二、八六七·三五·七	三、三九〇·一七	一、六五九·四四·五	一、七三〇·七二·七		

昌黎		二七·一	三,八九七·二七	五,二七八·四七	二,六三八·六七·六	二,六三九·七九·八	
樂亭	六,七五九·五八·四	一,二五七·二〇·八	八,〇四七·五四·八 八,〇九四·五九·八	二,四七六·四六·五	六三七·四五·七	一,八三九·五·八	一八·七%
臨榆	一,六〇·六九	一〇三·九四	一,六七〇·六九	一,八九〇·八·一		一,八九〇·八·一	六·一%
清苑	三,五三八·二九·七	六,四七九·五八·五 二九二·七三·一	六,一,二五·九三·三	二,九三五·三六·三	一,四一〇·一五·一	一,五三五·一一·二	三六·六%
滿城		七四六·二七·四	二,三九〇·四三	九五八·二九·三	一一三·五六·八	八四五·七二四	
安肅		一一三·九八五·七	五,五七五·一六·九	九七八·二三·一	五五二·五六	四二六·一六·五	
定興	五,四一三·八二·九	一,三七二·九五·三	五,六二一·二五·八	一,八七三·九五·六	二〇七·四二·八	一,六六六·五二·八	二五·三%
唐縣	八,〇一八	一九一·七一·五	二,六五五·二八·五	一,九六〇·二二·九	一,六〇二·一九·九	三〇三·九四	一·四九·九 二·三%
博野		一九·一六	三,二九七·五六·四	三,七四二九四·四	二,八七二·八九·九	八七〇·九四·五	
望都		三五·五七·四	一,一一五·六二	一,七四〇,九七·五	六八一·六一三	一,〇五九·三六·二	
容城	一,四八六·二一·五	一八〇·八七·七	二,六〇二·七一·八	七七三·一·三	二七七·四一·五	四九五·五九·八	三一·一%
完縣	八九二·三八·四	五五五·八·一	三,一九八·七四·四 三,三二八·七七·二	一,一一三·七八·三	九五九·三二·四	一七四·四五·九	六〇·三%
蠡縣	三,二八八·三五·八	六三一·三四·五	六,三六六·六八·三	四,二七八·一七·八	三,〇七八·三二·四	一,一九九·八五·四	圈撥投充佔 一九·四%
雄縣	康八年記 三五六·三七·三	二九二·四五·五	四,四〇五·七六·九	一,八〇四·八八·二	五七〇·三一·三		八·二%
安州		八四六·七〇·一	五,四六一·五五	二,七九三·六八·四	八六五·四一·九		

高陽		七〇四·二五·三	三,五九四·六一·九	一,七五八·五九·六	八一〇·一七·三		
河間	六,二〇〇	一六三·五七·三	一五,〇〇三·三〇·八	一三,三七〇·九三·五	八,四一四·二五·七		二·六%
獻縣	三,七六〇	五五·一四·八	九,二九〇·〇〇·八	一〇,二七九·三〇·四	八,四一四·二五·七		撥補投充
肅寧		三〇·三·四	五,五三七·五四·六	五,三三三·一〇·四	三,五三九·五一·三	一,六九二·五九·一	
任邱	七,八三六·八三	五一七·五〇·九	八,七二〇·七三 八,八七〇·九六	六,六二四·七三·二	六一五·六六·三	六,〇〇九·六·九	六·五%
交河	二,五六七·四一·七	五二一·八〇·三	四,二六三·五·二	二,三一七·五·一	一,六九五·五三·五	六三一·五一·六	一·九%
景州		一四·一七·一	四,二七三·五·一	四,五四五·八一·九	三,七九八·一三·五	七四七·六九·四	
故城		二·二一·八	二,四四二·六二·五	二,七三三·四七·六		二七九·八五·一	
天津		四三九·一八·七	九,二〇三·四三·八	六,〇五〇·八五·九	二,二〇六·四八·二	三,八四四·三七·七	
青縣		一,一〇六·九一	八,八七六·五〇·五 七,二八四·八六·五	二,五四七·二〇·四	七三八·八三·一	一,八〇八·一八·三	
靜海		三八四·三四	五,六二八·九三	九,一七八·六五·三		三,五四九·七三·九	
滄州		九八六·一三·一	四,七七六·四·五	六·二九四一三·一	二,五七二·四九	三,七二一·六三·二	
南皮	一,三一〇·八七·五	三二二·六八·五	五,九六四·八三	五,六〇〇·一七·四	四,四〇九·八一·一	一九〇·三六·三	圈投在內　二一·九%
鹽山		九·二八·四	四,一〇五·八七·八	五,二一五·七七·六	三,二六五·五九·三	一,九五〇·一八·三	
津軍廳		三·六二					

正定		六二·二	五、一三一·一三·一	五、五二三·九六·六		三九二·八四·五
獲鹿		八·二七	九六二·五一·五	一、七四三·一四·二		七八〇·六二·七
平鄉		一九	五、一一一·六一	一五、一三四 七三·八		二三·二三·七
鉅鹿		四一·六	七、七〇〇·一五·五	八、六一二·四一		九一一·八八·六
永年		一·九〇	九、七六三·七一·六	九、七九八·六一·六		三四·九〇·一
曲周		二一·五	一〇、九一一·五九·二	一一、二九九·八七·六		三八八·二八·四
廣平		一·八	四、〇三三·四八·四	四、二七四·二二·七		二四〇·七四·三
鷄澤		一一四·五	三、二四二·四〇·八	七、〇七七·二一		一、九三四·六一·三
清河		八七·九	三、七九四·六八·九	三、九六〇·九八·七		一六六·二九·八
宣化		八·二七	一五、〇四二·一〇·六	一、六〇九·二九·六	九、九九四·七四·五	三、六九四·五五·一
萬全		一七·一六·六	六、四一三·三·四	六、二一八·八八·六	四、一〇四·四六	二、一一四·四〇
延慶州		七〇〇·七〇·七	四、六七三·九四·六	一、七六三·九六·三	一、二六五·六六·九	四九八·二九·四
保安		一三·三〇·六	二、一七九·六七·九	三、一九八·七〇·九	一、三三三·六·九	一、八六五·六四
蔚州		一八	一五、二九五·二二·五	一三、三五八·七五·六	一二、二二七·二五·六	一、一三一·五〇
懷安		三·三一	九、二九二·一五·二	七、七二五·六·七	四、四三五·九八·一	三、二八九·八·六

赤城		三·二〇	三、四一五·一·四	三、八二九·八二	二、六五五·一八·九	一、一七四·六二·一		
懷柔		七九·八四·三	六、八六八·九四·一	六、三八二·八二·三	三、五五〇·三·一	二、八三三·七九·二		
遵化州		一、七九一·九四·五	三、七六六·六三·六	一、〇九六·七三·一	二五·三五·四	一、〇七一·三七·七		
豐潤	(小畝)四、〇〇一·三三·一	一、七七四·七四·四	六、六一四·九九·三 三、八四二·五四·九	四、七一四·一一	七一一·五三·八	四、〇〇三·五七·三		四四·三%
玉田	四、五八九·三七·三	一、五五〇·四八·二	五、二一六·八八·六	四、七九一·八五·三	六一七·四六·三	四、一七四·四九	撥補投充	三三·八%
易州		五三〇·一九·四	一〇、七五四·二三	四、四八〇·一七·九	三、二四一·七七·九	一、二三八·四〇		
淶水		四七八·五五·四	四、二二六·二九·五	九二一·四九·一	六四〇·一九	二八〇·七〇·十		
冀州			七、四九七·三六·三	八三·一七·一		八一九·六四·七		
新河		七	四、二五三·二三	四、四九六·九六·四		二四四·七三·七		
武邑		九三·三	四、三三二·六六·五	四、四三〇·七六·三		九八·九八	四·四六·三	
定州		五五·九六	三、〇四一·二三·一	五、九三七·二八·三	二、七六五·八六·四	三、一七一·四一·九		
張家口		九八·八一·三	三、五〇一·六六·六	六、九九六·一六·六		三、四九四·八〇		
獨石口		一〇三·五八·四	四七八·一三	二、二八九·五四·一		一、八八一·四二·一		
總共		四五、六〇三·八五·五	四、二〇三、七八·七	四、二五八·三六·五一	一三三九〇·六八·八	三四二、八七一·八一	三	二六%

附註

一、本表係根據光緒年間所修畿輔通志九五卷旗地而作，惟原圈旗地畝數係抄自各州縣方志。
二、雍正年間所修畿輔通志過於簡略，未記旗地之事。
三、實剩旗地卽原圈旗地經典賣後至光緒年間剩餘者。
四、原額地畝卽係該縣納賦地畝。
五、額外地畝卽係不納賦的地畝，包括圈給旗人的地畝，開墾地畝水冲及沙壓等荒地。
六、本表所記光緒年間廿八縣實剩旗地佔原圈地之二六%，與原圈旗地相比卽知一半以上旗地均爲民人所有。
七、赫泰在乾隆十年奏謂旗地十之五、六已典賣與人，與本表所記之百分比相差不大。這並不是說乾隆十年以後旗人生活好轉甚少典賣田土，相反的更足證明贖地無補旗人生計，因旗人生計困窮將官贖旗地復典與民人，光緒年間實剩旗地卽旗地所有權眞正爲旗人者。
八、典賣旗地以八旗士兵爲最多，他如皇莊，官莊則甚少典賣，乾隆以前如此，乾隆以後亦復如此。
九、旗地典賣後旗地內的奴隸生產制卽正式變爲租佃關係，故旗地內奴隸生產制之崩解與旗地之典賣倂行，與本文第四章所討論的完全符合。
十、「皇莊」，「官莊」自入關之初至光緒年間甚少變動，但「莊園」內的奴隸生產制自乾嘉後亦多爲租佃關係所代替。

附錄　引用史料及參考書或論文目錄

書名	作者	備考
大清太祖高皇帝實錄		
太宗文皇帝實錄		
世祖實錄		
聖祖實錄		
太祖高皇帝聖訓		
太宗文皇帝聖訓		
世祖章皇帝聖訓		
聖祖聖訓		
世宗聖訓		
清鑑易知錄		
清朝文獻通考		
清朝通志		
清朝通典		
滿洲老檔秘錄	金梁	
天聰朝臣工奏議	羅振玉	史料叢刊初編
八旗文經		光緒廿七年刻本

欽定八旗則例	鄂爾泰等	乾隆七年修
欽定八旗中樞政考		道光五年重修
欽定內務府現行則例		民國廿六年文獻館敘
皇淸奏議		丙子季春墨綠堂印
皇朝經世文編	賀長齡	
柳邊紀略	楊賓	叢書集成初編
田間文集	錢澄之	斟雉堂藏版
魏文毅公奏疏	魏裔介	畿輔叢書
于山奏牘	于成龍	康熙年間刊刻
于淸端公政書	蔡方炳編次	
淸朝先正事略	李元度	文瑞樓發行
石渠餘記	王慶雲	
同治中興京外奏議		光緒元年刊刻
洪北江詩文集		四部叢刊集部
靳文襄公奏疏	靳輔	
癸巳存稿	俞正燮	國學基本叢書
寄移文存	沈家本	
東華全錄	王先謙	
寧古塔紀略	吳振臣	漸學廬叢書
扈從東巡日錄	高士奇	漸西村舍刻本

黑龍江外記		
吉林外記		
吉林通志		
戶部則例		
洪文襄公奏對		京都榮錄堂藏版
兼濟堂文集	魏裔介	康熙年間刊刻
寒松堂文集	魏象樞	
穆堂初稿	李紱	聊城阜祺堂藏版
愛日堂文集	孫宗彝	康熙年間刊刻
有懷堂文集	韓菼	康熙年間刊刻
大清律例通考	吳壇	乾隆年間增訂
明史		藝文印書館
欽定大清會典事例		
欽定大清會典		
籌遼碩畫	陳開祜	上海商務印書館
故城縣志	張暎	光緒十一年刊本
曲周縣志	劉自立	同治八年刊本
廣平縣志	夏顯煜	康熙十五叢年刊本
景州志	屈成霖	乾隆十年刊本
順天府志		

清苑縣志	李逢源	同治十二年刊本
大興縣志	張茂節	康熙廿四年
良鄉縣志	陳嵋	光緒十五年刊本
永清縣志	周震榮	乾隆四十四年刊本
懷柔縣新志	吳景果	康熙六十年刊本
香河縣志		民國二十五年據康熙版修
三河縣志	陳泉	乾隆廿五年刊本
寶坻縣志	蔡寅斗	乾隆十年修民六年重石印本
武清縣志	吳翀	乾隆七年刊本
獻縣志	薛鳳鳴	乾隆廿六年刊本
保定府志	李培祜	光緒十二年刊本
通州志	王維珍	光緒九年刊本
密雲縣志	臧理臣	民國三年鉛印本
平谷縣志	朱奎揚	民國廿三年鉛印本
房山縣志	馮慶瀾	同治十一年修(民國十六年重修)
靜海縣志	鄭士蕙	同治十二年刊本
順義縣志	李芳	民國廿二年鉛印本
青縣志	江貢琛	光緒八年刊本(重修)
監山縣志	江毓秀	同治七年刊本
南皮縣志	殷樹森	光緒十四年刊本

撫寧縣志	趙端	康熙廿一年刊本
遷安縣志	韓耀	同治十二年刊本
昌黎縣志	何崧泰	同治五年刊本(重修)
樂亭縣志	史夢蘭	光緒三年刊本
灤州志	楊文鼎	光緒廿四年刊本
唐縣志	陳詠	光緒四年刊本
臨榆縣志	鍾和梅	乾隆廿一年刊本
永平府志	游智開	光緒五年刊本
蠡縣志	韓志超	光緒二年刊本
寧河縣志	丁符九	光緒六年刊本
獲鹿縣志	俞錫鋼	光緒四年刊本
定興縣志	張王敬	光緒十六年刊本
天津縣志	朱奎揚	乾隆四年刊本
容城縣志	詹作周	咸豐七年刊本
雄縣新志	秦廷秀	民國十八年鉛印本
完縣新志	彭作楨	民國廿三年鉛印本
任邱縣志	劉統	乾隆廿七年刊本
玉田縣志	李昌時	光緒十年刊本
文安縣志	楊朝麟	康熙四十二年刊本
正定縣志	賈孝彰	光緒元年刊本

大城縣志	趙炳文	光緒廿三年
武邑縣志	許維涎	康熙三十三年
交河縣志	高歩青	民國五年刋本
豐潤縣志	牛永煦	光緒十七年修(民十年鉛印本)
永年縣志	夏紹玉	光緒三年刋本
河間縣志	吳山鳳	乾隆廿五年刋本
八旗通志		
盛京通志		
鳳城瑣錄		遼海叢書
畿輔通志		光緒十年刻彫(商務影印)
遼東志		遼海叢書
全遼志		遼海叢書
湖南文徴		
永淸文徴		
瀋陽狀啓		
光海君日記		
興京二道子河舊老城		
松花江下游的赫哲族	凌純聲	史語所單刋甲種之十四
淸朝の入關前に於ける旗地の發展過程	周藤吉之	東方學報東京十二册之二
淸朝中期に於ける旗地の小作關係	周藤吉之	東方學報東京十二册之一

滿州に於ける京旗の屯墾に就て	有高巖	史朝第四年三號
清朝に於ける旗地の構成	周藤吉之	社會經濟史學第十一卷下
清朝初期に於ける投充と其起源上	周藤吉之	東方學報東京十三册之二
清初に於ける圈地と旗地繩量との關係	周藤吉之	東洋農業經濟史研究（小野武夫勸士還曆紀念論文集）
八旗制度考實	孟森	史語所集刊（六）
清入關前的眞象	李光濤	史語所集刊十二本
清代東北屯墾與移民	蕭一山	學術季刊六卷三册
清初流人開發東北史	謝國楨	開明書店印行
張蔭麟文集		中華叢書
清史述論		
滿州發展史		
清代史	孟森	正中書局印行
清代通史	蕭一山	商務印書館發行
清朝全史	稻葉君山	臺灣中華書局印行